時兆文化 懷氏著作精選集
ABRIDGED VERSION OF ELLEN G. WHITE'S WRITINGS

HIGHWAYS TO HEAVEN

埋藏的財寶

懷愛倫 著

HIGHWAYS
TO HEAVEN

出版序

懷愛倫師母（Ellen G. White, 1827-1915）生長於19世紀中葉的美國，她對於上帝的忠心以及上帝藉著她帶給這世界的亮光，在這一百多年來，讓千千萬萬人受惠。她也藉著可以超越時空的文字事工，嘉惠多人。

懷氏原著多為厚達數百頁，為了顧及初信者和慕道友在真理上的需求，也因現代人生活忙碌，喜歡閱讀短小精簡的文字，因此，基督復臨安息日會華安聯合會特別委託時兆出版社，製作「懷氏著作精選集」系列叢書。將原書濃縮調整成百餘頁，讓忙碌的現代人可隨時利用片刻時間閱讀。

本系列全套十冊，包括有：《先祖與先知》、《先知與君王》、《歷代願望》、《使徒行述》、《善惡之爭》、《天路》、《教育論》、《復臨信徒的家庭》、《健康之源》、《論飲食》。

我們特別委請李斌祥牧師和李秀華老師將原書精簡，每本書的章數不變，但字數大幅縮減。為保有文章的完整性，再加以修飾，務必力求不單忠於原文，且使文字簡潔順暢易於閱讀。

為了和「完整版」有所區別，也為了能行銷全大眾通路，因此在幾經商談討論之後，決定使用新書名並重新設計繪製封面，務求其耳目一新，可以銷售到各基督教書房及一般書店，讓更多人領略懷師母著作中的智慧，甚至是吸引讀者去閱讀「完整版」，進而接受來自上帝豐盛的恩典與慈愛。

耶穌基督升天時，留給我們的大使命：「所以你們要去，使萬民作我的門徒」（太28：19）這是時兆出版社極大的負擔。願上帝使用這套叢書，使祂的名被高舉得榮耀！

時兆出版社謹誌

HIGHWAYS TO HEAVEN

前言

　　身為萬師之師的耶穌，當年和祂的門徒在行經巴勒斯坦的山野溪谷，或靜憩於湖濱河畔之時，曾從日學的生活經驗與習見的具體實物中，引申出許多有關天國的教訓。祂將普通的事物；以及牧者、工匠、商人、農夫、客旅，和主婦等生活中經常的事故，用來與神聖的真理聯結在一起。

　　一切真實美善的思想——就是有關上帝對於世人的慈憐恩眷和祂分所應得的感戴崇敬，以及人類相互間當存的同情關注等思想，都被祂徵引而與熟知的事物融會貫通了。在祂看來，「種子」乃代表上帝的道；「稅吏的祈禱」就象徵那蒙神悅納之求告者的態度；而那等候迎接新郎的「十個童女」，則正是進入天國所必作之準備的例證。在這樣的配合之下，那神聖智慧與實際真理的教訓就顯得堅強有力而且深入人心了。於是每一項教訓也就形成了一條思想的坦途，行為的大道，和通達上界的天路了。

　　但願《埋藏的財寶》所載各項使日常生活中普通事物具有更豐富意義的實際屬靈教訓，能使凡行走在人生之途的旅客從而獲得慰藉，並且得蒙引領安然奔走那引進永樂之鄉的天路。

目錄 ▶▶

01 用比喻施教

從基督用比喻施教的事上，可以看出那在祂降世使命中的原則。基督為要使我們認識祂神聖的品德與生活，竟取了我們的本性，住在我們中間。上帝居然以人的形狀出現。基督的施教也是如此：以已知的來說明那未知的；以人們最熟悉的事物來解釋神聖的真理。

基督從自然界取材教訓人時，祂乃是講論到祂親手所造的事物，一切被造之物在原始的完美情況之下，都是上帝思想的表徵。但亞當、夏娃這對聖潔夫婦違背了至高者的律法，自然界的面貌就立時失去了上帝的榮耀。大地如今已被罪惡所毀傷污損。然而在凋萎之中，仍有如許的美物存留著。上帝寓於實物之中的教訓並未消失，只要正確地理解，自然界依然表述它的創造主。

耶穌摘下了美麗的百合花，放在年輕人的手中，教訓他們說：「你想野地裡的百合花，怎麼長起來，它也不勞苦，也不紡線。然而我告訴你們，就是所羅門極榮華的時候，他所穿戴的，還不如這花一朵呢！」隨後，祂又加上重要的教訓說：「你們這小信的人哪！野地裡的草今天還在，明天就丟在爐裡，上帝還給它這樣的妝飾，何況你們呢！」註1

這些話不僅是向年輕人講的，也是向群眾講的，其中有許多

充滿憂慮、困惑以及因失望、苦難而傷痛的男女。耶穌繼續說：「所以，不要憂慮說，吃什麼？喝什麼？穿什麼？這都是外邦人所求的。你們需用的這一切東西，你們的天父是知道的。」隨即祂就伸出雙手對周圍的群眾，說：「你們要先求他的國和他的義，這些東西都要加給你們了。」註2

在基督的傳道工作上，祂用簡明的言辭向眾人講話，讓所有的聽眾都可以領會那能使他們有得救智慧的真理。

耶穌渴望引起他們好奇之心。祂力圖喚醒一般漫不經心的人，並將真理銘刻在他們的心版上。

基督所要講的真理，有一些是眾人未曾準備領受的，或者是他們所不能了解的。為了這個緣故，祂也要用比喻教導他們。祂將祂的教訓與生活經驗或自然界的事物聯繫起來，藉以引起他們的注意，並將教訓銘刻在他們的心上。

基督並沒有講述抽象的理論，只講述那發展品格所必需的以及足以加強人認識上帝並幫助他們行善的教訓。祂對人所講的真理都是關乎為人之道，並以永恆為出發點。

上帝訓練以色列人作自己特選的代表時，祂使他們在山坡與山谷之間安家。好讓他們的家庭生活與宗教崇祀能經常接觸到自然界和上帝的道。照樣，基督也在湖邊和山坡上、在田野與樹林中，就是門徒可以看到自然景物的地方，教訓他們。

自然界乃是一部偉大的課本，我們要將它與聖經配合起來，教導人關於上帝的聖德，並引領迷羊歸回祂的羊圈。當人研究上帝的作為時，聖靈就必啟迪他們的心思。

自然界本身的美麗就足以引導人的心遠離罪惡和世界的誘

惑，而傾向純潔、恬靜與上帝。學者的思想時常容易被人的學說
與空談所充斥，而妄稱之為科學與哲學。他們需要與自然界密切
的接觸。當使他們明白自然界與基督教皆同有一位上帝。當教導
他們認明自然界與屬靈界之間的和諧。這樣，他們的心志能力就
必增強，品格就必發展，整個人生也必因而高貴。

上帝將祂創造大能的紀念物賜與人類，使他們可以在祂親手
所造的萬物中認識祂。我們應當在救主講論這些比喻的場合中，
就是在田野和林間，在露天之下，在群花叢草之中，研究這些比
喻。當我們的心懷與自然界接近時，基督的臨格對於我們就更見
真切，並向我們的心靈述說祂的平安與慈愛。

【註1】太6：28－30　　【註2】太6：31－33

02 撒種的比喻

根據：太13：1－9、18－23；可4：1－20；路8：4－15

撒種的人和種子

基督用撒種的比喻説明天國的事，以及那位偉大的「耕種者」為祂子民所作的工。祂正像田間撒種的人，來播撒屬天的真理種子。

在加利利的海邊有一群人聚集，渴望要見耶穌，聽祂講道。有病人躺臥在蓆子上，等待著向祂陳述他們的病症。醫治這有罪人類的一切痛苦，原是上帝賜與基督的特權，於是祂斥責疾病，將生命、健康和平安施與祂四圍的人群。

群眾繼續增多，百姓都擁擠到基督跟前，直至再沒有可容納他們的餘地。於是祂上了一艘漁船，並吩咐門徒將船稍微撐離岸邊，便向岸上的群眾講道。

沿著海岸就是美麗的革尼撒勒平原，再望過去便是一帶起伏的山崗。在山坡和田野中，有撒種和收割的人正在忙碌著，有人在撒種，也有人在收割早麥。耶穌望著那幅景象，便開口説：

「有一個撒種的出去撒種，撒的時候，有落在路旁的，飛鳥來吃盡了；有落在土淺石頭地上的，土既不深，發苗最快，日頭出來一曬，因為沒有根，就枯乾了；有落在荊棘裡的，荊棘長起

來，把它擠住了；又有落在好土裡的，就結實，有一百倍的，有六十倍的，有三十倍的。」

「那撒好種的就是人子。」[註1]基督並不是以君王的身分蒞臨，而是以撒種人的身分出現。當時近東一帶局勢不安定，盜匪橫行，所以民眾大都住在城裡，農夫要每日出外從事農作。那天國的撒種者——基督也照樣出去撒種。祂離開了安全和平的家鄉，出去作一個多受痛苦，常經試探的人。祂孤獨地出去流淚撒種，並用自己的寶血澆灌這撒在淪亡世界中的生命種子。

基督的僕人也必須照樣「出去」撒種。凡蒙召與基督聯合的人，為了跟從祂，就必須撒下一切所有的，必須打消屬世的希望。務要在勞苦與流淚之中、在孤獨與犧牲之下，將種子撒播出去。

「撒種之人所撒的，就是道。」基督來將真理散佈在世上。自從人類墮落以來，基督始終是世界的真理啟示者。藉著祂，那不能壞的種子——「上帝活潑常存的道」得以傳於人間。

基督說：「叫人活著的乃是靈，肉體是無益的。我對你們所說的話，就是靈，就是生命。」「那聽我話，又信差我來者的，就有永生。」凡憑著信心接受這道的人，就是接受了上帝的生命和聖德。人若憑著信心將這不能壞的種子領受在心中，便會結出一個與上帝的品德和生命相似的品格與生命來。

可惜聖經的權能已經被人剝奪了，結果就是屬靈生命的景況日見低落。今日從許多講壇上，再也聽不見那足以喚醒良心，使心靈得著生命的證道。現今有許多人正在迫切地呼求永生的上帝，渴望有祂的同在。哲學的理論和文學的論述，不管是多麼的

高明，都不能使人的心靈滿足，因為須讓上帝的道直接向人說話。要讓那些只聽過傳統與人的道理之人聽見上帝的聲音，因為唯有祂的話才能甦醒心靈以至於得著永生。

基督最喜愛的題目，就是上帝慈父般的柔和與豐盛的恩典。祂屢次講說天父的聖德和律法的神聖；祂自我介紹是「道路、真理、生命」。基督的傳道人也當講論這些題目。要將那在耶穌裡的真理發揚出來。要將律法與福音的要求講解清楚。要向人述說基督克己犧牲的生活：祂的蒙羞與死亡、復活與升天、在天庭為他們代求和祂的應許——我「必再來接你們到我那裡去。」

教師的工作應該要使青年人的思想集中於聖經的偉大真理，這種教育乃是今世和來生所不可或缺的。

再沒有什麼能像研究這些與我們永生有關的偉大題旨這般，能使人成為高貴而堅強的了。上帝救恩的知識有如穹蒼之高，有似宇宙之大。

基督之所以講授真理，乃是因為祂就是真理。祂的思想、品格與生活經驗，都包含在祂的教訓之中。

撒在路旁的

撒種比喻的要旨，乃是講述土壤對於種子生長的影響。基督藉著這個比喻，實際上就是向聽眾說，最重要的是你們如何看待我的信息，你們永久的命運乃在乎你們領受或拒絕這一信息。

論到那落在路旁的種子，祂解釋說：「凡聽見天國道理不明白的，那惡者就來，把所撒在他心裡的奪了去，這就是撒在路旁的了。」註2

　　撒在路旁的種子代表上帝的道落在漠不關心的聽者心上。這個任由世俗的宴樂與罪惡來回踐踏的心地，就好像經常被許多人和牲口行走的路徑一般，人聽了道，卻不明白，他們看不出這道與自己有何關係，也不感覺自己有任何需要或危險。他們不理解基督的愛，於是就放過祂恩典的信息，認為與自己毫不相干。

　　飛鳥怎樣等著攫取路旁的種子，撒但也照樣等待著要將神聖的真理種子從人的心中奪去。正當天使努力將上帝的道刻印於人心之時，仇敵也十分警覺地要使這道歸於徒然。正當基督用祂的愛來吸引人的時候，撒但卻盡力轉移那尋找救主之人的注意力，使人思慮屬世的計畫，撒但藉著各種方式，將人心中真理的種子奪去。

撒在石頭地上的

　　「撒在石頭地上的，就是人聽了道，當下歡喜領受。只因心裡沒有根，不過是暫時的。及至為道遭了患難，或是受了逼迫，立刻就跌倒了。」

　　撒在石頭地上的種子不能深入土壤。秧苗固然發得很快，但根卻不能穿過石層去吸收營養來維持它的生長，於是不久就枯萎了。

　　植物的根必須深入土中，並在人所看不見的地下得著維持生命的營養。基督徒也是如此，他們的心靈因信而與基督有了看不見的聯合，屬靈的生命才能得到營養。但「石頭地」的聽眾卻依靠自己，不依靠基督。這等人「心裡沒有根」，因為他們沒有與基督聯合。

日頭的炎熱固然能使那堅強的穀粒滋長成熟，但也能摧毀那扎根不深的植物。照樣，那「心裡沒有根」的人「不過是暫時的。及至為道遭了患難，或是受了逼迫，立刻就跌倒了。」許多人領受福音作為逃避苦難的方法，當生活平順安穩的時候，他們似乎是言行一致的基督徒，但在火煉的試驗之下，他們便退縮了。他們認為在生活上作徹底改變的代價過高。他們只看到當前的不便與艱辛，卻忘了那永恆的事實。他們像那些離開耶穌的門徒，回答耶穌說：「這話甚難，誰能聽呢？」註3

　　有許多人自稱是事奉上帝的，但他們還沒有體驗過上帝。他們遵行上帝的旨意乃基於自己的衝動，而不是出於聖靈深入的感化。他們雖然承認基督為救主，卻不相信祂必賜給他們力量去戰勝罪惡。含混地承認聖靈的工作是一回事，但領受祂的責備而悔改則是另一回事。

　　這等人唯一的希望，就是要親身體驗基督向尼哥底母所說的話：「你們必須重生。」「人若不重生，就不能見上帝的國。」註4

　　真實的聖潔就是全心全意為上帝服務。基督曾為我們捨棄一切，因此凡接受基督的人也必甘心為主犧牲一切。如果我們愛耶穌，便樂意為祂而活，並將我們感恩的供物獻給祂，為祂效勞。我們要為祂的緣故，樂於忍受痛苦、勞碌與犧牲。我們也必同感於祂救人的心願，並要像祂一樣渴慕得人。

　　這就是基督的宗教。單是真理的論述或口頭上承認主的門徒，並不足以得救。我們若不完全屬於基督，就不是屬祂的。人若想要同時事奉基督又事奉自己，便要成為「石頭地」上的聽

眾，在考驗來到時，一定承受不住。

撒在荊棘裡的

「撒在荊棘裡的，就是人聽了道，後來有世上的思慮，錢財的迷惑，把道擠住了，不能結實。」

唯有經常預備接受寶貴真理種子的心田，才是恩典茁壯成長的所在。罪惡的荊棘能在任何土壤中生長，並不需要耕耘，它們隨時隨地能生長出來，所以清除的工作必須不斷地進行。但恩典卻是必須細心培養的。

基督列舉了一些有害於心靈的事物。根據馬可的記錄，祂曾提到世上的思慮、錢財的迷惑，和別樣的私慾。路加則列舉了今生的思慮、錢財和宴樂。這些事將真道——正在生長中的屬靈種子，擠住了。

「世上的思慮。」任何階層的人都難免於世俗思慮的試探。窮人常因勞碌與貧困，並恐懼缺乏而愁苦煩累；富人則擔心損失並有無數其他的憂愁掛慮。許多基督徒忘記了他們從田野的花朵所應學得的教訓。

許多足能在上帝的聖工上多結果子的人，卻一心追求財富。他們將全副精神用在俗務上，忽略屬靈的事而與上帝隔絕了。基督徒必須工作，他們從事士農工商並非惡事，但是許多人專注於業務而忙得沒有時間祈禱、研究聖經，也沒有時間尋求並服事上帝。他們的心靈也會渴慕聖潔並想念天國，但是沒有時間轉離世俗的煩擾，去靜聽上帝聖靈的教訓。

另有許多人也犯了同樣的錯誤。他們為他人的福利而工作，

職務既忙，責任又多，因此就讓工作將靈修的工夫擠掉了。藉著祈禱和查經與上帝交通之事竟被忽略了。他們忘記基督曾經說過：「離了我，你們就不能做什麼。」註5

「錢財的迷惑。」貪愛錢財具有一種蠱惑人和使人迷惑的力量。他們的財富非但沒有激發他們感謝上帝之心，反而使他們心裡高傲，得意洋洋。這樣的使用錢財，非但沒有在人心中養成上帝的品德，反而養成了撒但的性格。

「今生的宴樂。」單為放縱私慾而追求娛樂是有危險的。凡是足使體力衰弱、心智昏迷或屬靈知覺麻痺的習慣，都是「肉體的私慾，這私慾是與靈魂爭戰的。」

「別樣的私慾。」就其本身而言未必是罪惡的事，但人們竟使之侵佔了天國應有的首位。凡足以吸引人心意轉離上帝或使愛心偏離基督的事，就是心靈的仇敵。

青年人的心田

當人心智正值少壯活潑而且迅速發展的時候，那最大的誘惑，就是為自己追求聞達，事奉自己。

兒女成長階段，父母的責任極其重大。他們應研究如何以良好的感化力陶冶這些青年，使他們對於人生及真正的成功有正確的看法。可惜許多的父母卻以獲得屬世的飛黃騰達為其首要目標。

有許多父母企圖用滿足兒女愛好娛樂的方法，來增進他們的福祉。任憑兒女去參加遊戲、運動與宴會，並供給金錢，讓他們隨意浪費在虛飾炫耀與任性放縱的事上。他們養成了閒懶與縱慾

的習性，使他們幾乎不可能再作穩健的基督徒。

許多父母想給兒女更多的便利，所以在大都市裡居住，結果卻大失所望，發現犯了嚴重的錯誤而悔之莫及。年輕的人常因試探而跌倒，以至被引誘遠離上帝。他們一生喜愛宴樂的結果，乃是今世與來生的淪亡。

思慮、財富和宴樂——這都是撒但用來在人生棋局上奪人性命的伎倆。上帝已經發出了警告：「不要愛世界和世界上的事。人若愛世界，愛父的心就不在他裡面了。因為凡世界上的事，就像肉體的情慾、眼目的情慾，並今生的驕傲，都不是從父來的，乃是從世界來的。」註6

土壤的預備

在撒種的比喻中，基督指出撒種之所以有不同的結果乃在於土壤。每次的情形雖然各自不同，但撒種的人和種子始終是一樣的。祂藉此說明，如果上帝的道不能在我們心靈與生活中成就它的工作，其原因乃在於我們自己。每個人必須為自己那阻礙好種扎根的心田，以及妨礙它發育成長的荊棘負完全的責任。

心靈的園圃必須勤加耕耘，必須藉著深刻的悔改而挖掘土地，撒但所栽種的毒草必須根除。

撒種的人要下功夫，預備人心使他接受福音。在傳道的工作上，用於講道的功夫太多，而用在彼此傾心吐意的功夫上太少。我們實在需要為迷失的人作個人之工。我們應當本著基督的同情心去和人做個別的接觸，如能在個人的服務上表現基督的愛，就可以軟化那剛硬的石心，使真理的種子可以扎根。

撒種的人當作之工就是要使種子不被荊棘擠住，或因土淺而枯萎。當使他們認出，為基督服務、效法祂的捨己並忍受苦難是何等的福祉；當教他們學習信靠祂的愛，並將一切的憂慮都卸給祂。也當讓他們嘗嘗為祂得人的快樂，當他們愛護並關懷迷羊的時候，便會忘卻自己。世俗的享樂會失去吸引力，屬世的愁慮也不再使他們灰心喪志了。真理的犁頭必會將荒地開墾出來。

落在好土裡

救主論到那落在好土裡的種子，說：「撒在好地上的，就是人聽道明白了，後來結實，有一百倍的，有六十倍的，有三十倍的。」「那落在好土裡的，就是人聽了道，持守在誠實善良的心裡，並且忍耐著結實。」

心地真誠的人必會服從聖靈的感化。他承認自己有罪，並且感覺需要上帝的憐憫和慈愛。他誠心願意明白真理，以便順服真理。「善良」的心也就是「相信」的心，他信服上帝的話。若沒有信心，人就不能領受主的道。

「好土」的聽道者領受了這道，「不以為是人的道，乃以為是上帝的道。」唯有那領受聖經為上帝向他自己說話的人，才是真的學習者。

人對於真理的認識，並不全在乎智力的高強，卻在乎人生宗旨的純潔以及信仰的單純。

好土的聽道者聽了道就遵行，撒但與其一切爪牙都無法將這道奪去。

單單聽道或閱讀聖經是不夠的。人若想充分得到聖經的助

益，就必須深思默想聖經的真理。他必須以懇摯的注意和敬虔的思想，來學習這真理的意義，並且汲取上帝聖言的真諦。

「後來結實。」凡聽道而遵行的人，必能在順從中結實。人既在心中領受上帝的道，必可從他基督化的人格和生活中看出其結果。

「並且忍耐著結實。」凡接受上帝之道的人，沒有一個是可以免受困苦與患難的，既便遭遇磨煉，真實的基督徒卻不至於煩躁、懷疑或沮喪。雖然我們看不出事情明確的結果，也不能認明上帝的旨意，我們仍不可放棄信賴的心。我們當回想主過去的憐憫，將我們的憂慮卸給祂，並忍耐地等候祂的救恩。

靈命是要經過奮鬥而增強的，善於忍受試煉的人必能養成堅強的品德和可貴的美德。信心、謙卑與仁愛的完美果實，常在暴風雨和幽暗中成長得最好。

一種更完美的心志要統馭我們；因為我們與那持久力量的源頭有活潑的聯絡，我們不再過平庸自私的生活，我們要讓基督住在我們裡面。祂的品格要在我們本性上重現。這樣，我們便要結出聖靈的果子來——「有三十倍的、有六十倍的、有一百倍的。」

【註1】太13：37　　【註2】太13：19　　【註3】約6：60
【註4】約3：7、3　　【註5】約15：5　　【註6】約壹2：15－16

03 「先發苗，後長穗」

根據：可4：26－29

撒種的比喻引起了許多議論。當時有些聽眾從這比喻上推想，認為基督無意建立一個屬世的國，令許多人覺得希奇和困惑。基督看到他們的困惑，就引用一些其他的實例，目的在使他們的思想轉離建立屬世國度的希望，而注意上帝恩典在人心中所進行的工作。

耶穌說：「上帝的國如同人把種撒在地上。黑夜睡覺，白日起來，這種就發芽漸長，那人卻不曉得如何這樣。地生五穀是出於自然的：先發苗，後長穗，再後穗上結成飽滿的子粒。穀既熟了，就用鐮刀去割，因為收成的時候到了。」

那位「因為收成的時候到了」「就用鐮刀去割」的農夫，不是別人，乃是基督。祂要在末後的大日收割地上的莊稼。但那撒種的人，卻代表所有替基督工作的人。

種子的比喻表明上帝是在自然界中工作。

種子具有發芽的本質，但種子本身仍無發芽生長的能力。要使種子生長，人也有應盡的本分，他必須預備土壤，加上肥料，然後將種子撒下去。但人雖然竭盡一切努力，仍需仰賴造主注入生命。那唯一產生生命的能力乃是從上帝而來。

好種可能一時被埋沒在冷淡、自私和世俗化的心田中，毫無扎根的現象，但後來有上帝的靈吹入心田之中，種子就發芽生長，結出果子來榮耀上帝。在我們一生的事業上，我們不知道究竟何者將要發旺。這一個問題用不著我們去解決。我們只要從事自己的工作，將結果交給上帝。

種子萌芽代表屬靈生命開始了。植物的發育生長，也是基督徒長進的美妙象徵。

植物怎樣在土壤中生根，我們也須照樣在基督裡生根。植物接受陽光和雨露，我們也當向聖靈敞開自己的心門。「不是倚靠勢力，不是倚靠才能，乃是倚靠我的靈方能成事。」註1

麥子的生長是「先發苗，後長穗，再後穗上結成飽滿的子粒。」農夫撒種與栽培這禾稼，最終的目的乃是要結出「子粒」來。植物的發芽、生長和結實，並不是為了自己本身，乃是「使撒種的有種，使要吃的有糧。」註2同樣的，人也不當為自己而活。基督徒在世上乃是作基督的代表，為要去拯救別人。如果你已經接受基督為個人的救主，就必須忘卻自己，盡力幫助別人。要述說基督的仁愛，傳講祂的善良。

「聖靈所結的果子，就是仁愛、喜樂、和平、忍耐、恩慈、良善、信實、溫柔、節制。」註3這樣的果實永不敗壞，反要產出莊稼到永生。

如果每個稱為祂名下的人都能結出果子來榮耀祂，福音的種子將如何快速地撒播於全世界啊！那最後的莊稼必能迅速地成熟，而基督也就要來收聚寶貴的穀子了。

【註1】亞4：6　　【註2】賽55：10　　【註3】加5：22－23

04 稗子

根據：太13：24－30，37－43

「耶穌又設個比喻對他們説：天國好像人撒好種在田裡，及至人睡覺的時候，有仇敵來，將稗子撒在麥子裡就走了。到長苗吐穗的時候，稗子也顯出來。」

基督説：「那撒好種的就是人子；田地，就是世界；好種，就是天國之子；稗子，就是那惡者之子。」好種代表那些從上帝的道——真理而生的人。而稗子卻是代表從謬論與虛假所造成的一等人。「撒稗子的仇敵，就是魔鬼。」

在古代近東各地，往往有人將野草種子撒在仇人新種好的地裡，藉以報仇。野草生長的時候很像麥子。它與麥子一同長了出來就傷害了莊稼，並使地的主人遭麻煩與損失。照樣，撒但因仇恨基督，就將壞種撒在天國的好種間，隨後又將撒壞種的結果推諉到上帝的兒子身上。

基督的僕人看到教會中真假信徒混在一起，甚是痛心。他們切望能作一番潔淨教會的工作。他們就像比喻中的僕人，想要將稗子薅出來。但基督對他們説：「不必，恐怕薅稗子，連麥子也拔出來。容這兩樣一齊長，等著收割。」[註1]

救主的話中還有一個教訓，就是無比的忍耐與仁愛。稗子的

根與好種的根如何緊密地糾結著，照樣，教會中的假弟兄也可能與真信徒親密地聯在一起。這些偽信者的真面目尚未完全暴露，如果叫他們離開教會，那其他本來可以站穩的人或者會因而跌倒了。

若看見教會中有不配作教友的人，不應該因此就對基督教的道理發生懷疑；基督徒也不應該因為假弟兄的存在而灰心。請問：早期的教會是怎樣的呢？那時有亞拿尼亞和撒非喇自願與門徒聯合；行邪術的西門也受了洗；離開保羅的底馬也被列為信徒；賣主的加略人猶大曾與使徒同列。救主不願意失落一個人，祂對待猶大的經過記在聖經上，為要顯明祂對悖謬人性的長久忍耐，祂囑咐我們要像祂一樣忍耐這一切。

基督比喻中的教訓，乃是叫我們不要論斷別人，定別人的罪。叫我們要存心謙卑，不靠自己。

基督允許稗子和麥子一齊生長，同享陽光和雨水的利益。但在收成的時候，基督要親自決定誰配和天上的家族住在一起，祂要按各人的言語行為施行審判。

救主並沒有指出將來會有稗子都變成麥子的一天。麥子要和稗子一齊生長，直到收割的時候，就是世界的末日。那時，稗子要捆成捆，留著燒；唯有麥子要收在上帝的倉庫裡。「那時，義人在他們父的國裡，要發出光來，像太陽一樣。」註2

【註1】太13：29　　　【註2】太13：43

05 「好像一粒芥菜種」

根據太13：31、32；可4：30－32；路13：18、19

聽基督教訓的群眾中有許多法利賽人。這些人以輕蔑的態度指出耶穌的聽眾中承認祂是彌賽亞的人為數不多。祂既沒有財富，也沒有權勢或尊榮，又怎能建立一個新的國度呢？基督洞悉他們的心意，於是就答覆他們說：

「上帝的國，我們可用什麼比較呢？可用什麼比喻表明呢？」祂說：「好像一粒芥菜種，種在地裡的時候，雖比地上的百種都小，但種上以後，就長起來，比各樣的菜都大，又長出大枝來，甚至天上的飛鳥可以宿在它的蔭下。」

基督的國

基督講述這個比喻的時候，遠近各處都長著芥菜，比其他穀類野草長得都高，枝條迎風搖曳。小鳥兒在嫩綠的枝間上下跳躍，並在茂密的葉叢中歌唱。然而誰知長成這棵高大植物的種子，原是百種中最小的呢！起先它只是發出一莖嫩芽，但它富有生機，所以一直生長、茂盛，直到長成高大的植物。照樣，基督的國開始時似乎微不足道，在基督講述這個比喻的時候，只有幾個加利利的平民作這新國度的代表。他們貧窮，人數稀少，曾一

再地被人當作藉口,來勸阻他人不要與這些頭腦簡單的漁夫聯合。但這粒芥菜種卻要成長並伸展它的枝子遍及全世界。及至許多輝煌的國度盡都消失之後,基督的國仍必存留,要作一個雄偉博大的強國。

恩典在人心中的工作起先也是微小的,也許是因一句話或是一線光明射入人的心,發生了影響,那就是新生命的起始,而它的結果誰能測度呢?

特別的工作

且看基督的先鋒施洗約翰,他獨自一人斥責猶太人的驕傲自大及形式主義。再看那最先將福音傳入歐洲的人——那兩個製作帳棚的保羅、西拉以及他們的同伴,當他們在特羅亞乘船往腓立比去的時候,他們的使命看來是多麼地渺茫無望啊!再看路德與那深具世上智慧的羅馬教會相對抗。看他手持上帝的聖經,在皇帝和教皇面前宣告說:「這就是我的立場,此外我別無主張。願上帝幫助我!」且看衛斯理在形式主義、情慾主義與無神主義之中,宣揚基督和祂的公義。

「弟兄們哪,可見你們蒙召的,按著肉體有智慧的不多,有能力的不多,有尊貴的也不多。上帝卻揀選了世上愚拙的,叫有智慧的羞愧;又揀選了世上軟弱的,叫那強壯的羞愧。上帝也揀選了世上卑賤的,被人厭惡的,以及那無有的,為要廢掉那有的。」「叫你們的信不在乎人的智慧,只在乎上帝的大能。」[註1]

【註1】林前1:26-28;2:5

06 得自撒種的其他教訓

從撒種的工作以及植物生長的過程中，可獲得適用於家庭和學校的珍貴教材。當使兒童和青年學習在自然界中認出上帝能力的運作，他們便能以信心獲取屬靈的利益。

上帝是用祂的聖言創造了種子，正如祂創造大地一樣。今日使種子生長的，依然是上帝的話。

物質界乃在上帝的管理之下，自然界的萬物都服從自然的定律。雲彩、日光、雨露和風暴，都在上帝的監督之下，並且全然聽從祂的命令。

在一切供養人類的事上，都可以看出上帝和人的努力合作。若不先將種子撒出去，就不會有莊稼的收成。但種子若得不到上帝在陽光和雨露中所供給的能力，也不能成長。一切事業的進行和各項學術與科學的研究莫不如此。在屬靈的事上、人格的建立以及基督徒各方面的工作上，也都是如此。我們都有應盡之本分，但我們必須與上帝的能力合作，否則我們的努力必歸於徒然。

植物從種子逐漸成長的過程，乃是教養兒童的一個實訓。「先發苗，後長穗，再後穗上結成飽滿的子粒。」註1

這裡就提示了父母和教師的工作。他們應當致力培養青年的

志趣，使他們在人生的各階段中，能表現自然之美，正如園中的花木一樣，自然地發展。

最可愛的乃是天真爛漫的孩子。當教育兒童保有其赤子之心。當訓練他們樂意作幫助人的小事，並從事與他們年歲相稱的娛樂和任務。兒童有如秧苗，而秧苗自有其本身的美質。不可強令兒童早熟，乃應盡可能地使其保持幼年的朝氣與美德。

幼小的兒童也可以作基督徒，並具有一種與他們年齡相稱的經驗。上帝對他們的期望也不過如此。他們需要在屬靈的事物上受教育，作父母的也當給他們種種便利，使他們能照基督品德的樣式建立品格。

種瓜得瓜，種豆得豆。人生也是如此。我們都需要播撒慈悲，同情與仁愛的種子，「人種的是什麼，收的也是什麼」。註2人若領會了這一點，他們便要小心自己所撒的是什麼種子了。

在我們與他人的關係上，這個定律也是適用的。每一項行為，每一句話語，都是種子。每一項出於慈心的善行，每一種順從或克己的行為，都必在他人身上產生相同的效果，而這些效果也必在其他人身上一再產生。

撒種的比喻教導人要在屬靈和屬世的事物上慷慨。「少種的少收，多種的多收，這話是真的。」照樣，凡忠心分送上帝恩賜的人也是如此。他們藉著分贈與人而增添了自己的福惠。上帝已經應許充分地供給他們，使他們能繼續施捨。「你們要給人，就必有給你們的，並且用十足的升斗，連搖帶按，上尖下流地倒在你們懷裡。」註3

基督用撒種來代表祂為救贖我們所作的犧牲。祂說：「一粒

麥子不落在地裡死了，仍舊是一粒，若是死了，就結出許多子粒來。」[註4]基督的死為上帝的國結出果子來，這和植物界的規律一樣，生命乃是由於祂的死而來。

種子死亡，就產生新的生命，從此我們學得了關於復活的教訓。一切愛上帝的人，將要住在天上的伊甸園中。上帝論到那埋葬在墳墓裡腐朽的身體，說：「所種的是必朽壞的，復活的是不朽壞的；所種的是羞辱的，復活的是榮耀的；所種的是軟弱的，復活的是強壯的。」

在耕種以及開墾的事上，可以不斷地學得教訓。人在得到一塊荒地的時候，絕不會希望它立刻就有出產。必須認真、勤懇而且持久地進行開墾，作撒種的準備工作。在人心中進行的屬靈工作也是如此。

那使種子、日夜看護並賜予成長能力的主，乃是創造我們的主，也是天上的君王。祂賜予自己的兒女的，乃是更大的照顧和關懷。撒種者從事耕種以供給我們肉體的生命所需要，那位神聖的撒種者，也要在人的心中撒下那能結果子到永生的種子。

【註1】可4：28　　【註2】加6：7　　【註3】路6：38
【註4】約12：24

07 好像麵酵

根據：太13：33；路13：20、21

　　許多人都來聽那位從加利利來的先知講道。在這群人中，有社會上各階層的人物。有貧窮的人，有目不識丁的文盲，有衣衫襤褸的乞丐，有面容兇惡的土匪，有生理殘障的人，有放蕩不羈的浪子，有商賈市儈，有游手好閒的人，無分貧富貴賤，大家都擠在一起，聽基督講道。有人看到這些罕見的烏合之眾時，便彼此相問說：難道上帝的國是由這些人士組成的麼？於是救主便再用一個比喻答覆他們說：

　　「天國好像麵酵，有婦人拿來，藏在三斗麵裡，直等全團都發起來。」雖然猶太人有時用酵來象徵罪惡，但在救主的比喻中，麵酵是用來象徵天國，並說明上帝的恩典有甦醒和感化人心的能力。

　　人不能僅靠著運用自己的意志而變化自己。人本身並不具有達成這種改變的能力。必須有酵——全然是外來的力量放在麵中，麵團才能發生改變。照樣，有罪的世人必須先領受上帝的恩典，才能進入榮耀之國。

　　酵母在調入麵團之後，如何從內向外發動，照樣，上帝的恩典也藉著內心的更新，而改造人的生活。僅是外表的變化，不足以使我們與上帝和諧。

基督向尼哥底母申述人心因聖靈而轉變的偉大真理，説：「我實實在在地告訴你，人若不重生，就不能見上帝的國。……從肉身生的就是肉身；從靈生的就是靈。我説：『你們必須重生』，你不要以為希奇。風隨著意思吹，你聽見風的響聲，卻不曉得從哪裡來，往哪裡去。凡從聖靈生的，也是如此。」註1

　　麵團裡的麵酵在暗中醞釀，使全團都發起來；照樣，真理的酵也是隱祕安靜而確定地進行心靈改造的工作。人的本性被軟化順服，並種下新的思想、新的感覺與新的動機。

　　為什麼有許多人承認自己相信上帝的話，但在他們的言語、精神和品格上，卻看不出什麼改善呢？其原因乃是他們根本沒有悔改。他們沒有將真理的酵藏入心內，酵就沒有機會發揮作用。他們沒有將自己生來的和養成的罪惡降服於變化人心的真理能力之下。

　　「信道是從聽道來的，聽道是從基督的話來的。」註2聖經就是改變品格的偉大媒介。基督禱告説：「求你用真理使他們成聖，你的道就是真理。」註3

　　上帝聖言的真理，適足以應付人類實際且最大的需要——使人的心靈因信而悔改。

　　真理的麵酵既已領受在心裡，就必能調整人的願望，淨化人的思想，並使他的性情親切可愛。它提升一切才智與心靈的能力，並擴大感情與愛心的範圍。

　　上帝的道必須在人際的往來上發生成聖的影響。真理的酵決不會造成敵對的精神、狂妄的野心與領先居首的慾望。真正由天而生的愛，不會只顧自己或反覆多變。它不在乎人的稱揚。那領

受上帝恩典之人的心，充滿著對上帝以及基督所替死之人的愛。「自我」不會爭先奪利。他愛人，並非因為別人愛他、迎合他的心意、或他們欣賞他的優點，乃是因為他們也是基督重價買來的。

真理的麵酵能使人完全改變，使粗俗的變為文雅，魯莽的變為溫良，自私的變為慷慨。藉著真理，能使污穢的人因羔羊寶血的洗滌而變為清潔。藉著它那賜生命的能力，使人所有的意志、心靈和力量完全與神聖的生命和諧一致。這樣，人性就有分於神性了。基督也因得救之人優美而完全的品格得著榮耀。這些變化一出現，天使就歡然歌唱，上帝與基督也必為那照著上帝的形像而造成的人而欣喜。

【註1】約3：3－8　　【註2】羅10：17　　【註3】約17：17

08 埋藏的財寶

根據：太13：44

「天國好像寶貝藏在地裡，人遇見了，就把它藏起來，歡歡喜喜地去變賣一切所有的，買這塊地。」

古人習慣將財寶埋在地裡。因為那時盜竊頻仍，而且每遇一次政變，有財產的人總不免要擔負很重的苛捐雜稅。除此之外，一般國民常有被亂軍打劫的危險。故此，有錢的人都竭力將財富隱藏起來，以利保存，而且他們多認為埋在地裡乃是最安全的辦法。可是人往往會忘記埋藏的確切地點，有時物主突然死去，或因被監禁、驅逐而與財寶分離，於是他苦心焦慮保存的財物，便留給後來幸運的發現者了。在基督的時代，人在荒地裡挖到古錢和金銀首飾，時有所聞。

有一個人租了一塊地來耕種，正在耕地時，突然發現了埋藏在地下的財寶。這人看出有大宗財富可以到手，於是將所掘出的金銀仍埋在原處，回家去變賣他一切所有的，為要購買這塊田地。他的家人和鄰舍都以為他是癲狂了。他們看那塊荒地並沒有什麼價值，但那人卻成竹在胸，直到他得著田地所有權之後，便仔細搜尋每一寸土地，把那些財富找出來。

在這比喻中，藏寶的田地代表聖經，其中的寶藏就是福音。

即使地球本身所藏的一切金銀寶物，都沒有聖經所充滿的那麼可貴。

怎樣埋藏

上帝並不向人隱藏祂的真理，人乃是因自己的行為而蒙蔽真理。基督曾向猶太人提出許多憑據，證明祂就是彌賽亞，但祂教訓他們要在生活上作一番確切的改變。他們看出：如果接受基督，就必須放棄他們所愛戀的教條和規條以及自私和不敬虔的行為。要接受那永恆不變的真理，勢必有所犧牲才行。因此，當上帝賜給他們明確的證據，要堅定他們對基督的信仰時，他們不肯接受。

如今世人也汲汲於追求屬世的財物，他們的思想充滿了自私的野心。為要獲取屬世的財富、尊榮和權勢，他們竟將人的教訓、規條和要求置於上帝的吩咐之上。對於此等人，祂聖言中的財寶乃是隱藏的。

財寶的價值

救主看到世人正沉迷於獲得，祂曾力求打消這種迷惑人並使人心癱瘓的魔力。祂大聲疾呼：「人若賺得全世界，賠上自己的生命，有什麼益處呢？人還能拿什麼換生命呢？」[註1]

聖經乃是上帝的偉大課本，祂是偉大的施教者。一切真正科學的基礎都在聖經中。各種的知識也可以藉查考聖經而得。此外，其中還包含了一切科學中的科學，就是救恩的道理。聖經就是基督無窮財富的寶庫。

真正的高等教育，乃是從研究與順從上帝的聖言而得的。但如果將上帝的聖言置於一旁，而去研究一些不能引人接近上帝和進入天國的書籍，則所獲得的教育只是徒有其名的。

在自然界中有奇妙的真理。天、地、海都充滿了真理，它們都是我們的教師。自然界發聲講授屬天的智慧和永久的真理，但墮落的人卻不明白這一切。罪惡模糊了他的心眼，以致他憑自己無法解釋自然，而誤將自然界置於上帝之上。

許多人認為人的智慧高過那位神聖教師的智慧，上帝的課本也被人視為過時、陳舊和乏味。但受聖靈鼓舞之人卻不是這樣的看法。他們看出其中有無價之寶，並且願意「變賣一切所有的，為要買得那塊地」。他們不要那些記載有所謂偉大作家之空論的書籍，而選擇那自有世界以來最偉大的作家和教師所講的話。祂曾為我們捨命，使我們可以靠著祂而獲得永生。

忽視財寶的結果

作學生的雖然可以修完學校和大學的課程而獲得諸般的知識，但除非他具有認識上帝的知識，順從那管理他身心的定律，不然，他至終必遭遇毀滅的命運。

探尋財寶

我們必須研究上帝的話，並用其中的真理教育我們的兒女。聖經乃是一種取之不竭的寶藏，可惜人們沒有發現這個財寶，因為他們沒有努力尋找。

基督就是真理。祂的話都是真理，並且含有比表面更深的意

義。基督的話表面上看似樸質，卻含有無比的價值。凡心智因聖靈而甦醒的人，就必能辨明這些話的價值。雖然真理是埋藏的財寶，但他們必能辨識這珍貴的真理。

祭司和法利賽人以為，將自己的解說加在上帝的聖言之上，就是盡了教師的職責，成就了偉大的事工；但基督卻說：「你們……不明白聖經，不曉得上帝的大能……」祂指責他們的罪說：「他們將人的吩咐當作道理教導人。」註2他們身為上帝聖言的教師，雖然按理應該明白上帝的話，但卻沒有身體力行。撒但已經弄瞎了他們的眼睛，使他們看不出這話的真實涵義。

今日的大危險就是所謂現代的智慧人將要重蹈猶太教師的覆轍。

閱讀聖經並不需要藉重教條或人的臆測的朦朧之光。我們用古人的條例和想像來解釋聖經，正如同想用火炬去照亮太陽一般。上帝的聖言並不需要地上星星之火去增加它的光輝。聖經本身就是光──是上帝榮耀的彰顯，其他一切的光和它相比都顯得黯然了。

人必須認真地探尋，仔細地考查。不論老少，不但要讀上帝的話，而且還必須全心全意地認真研究，如同尋找隱藏的財寶一般，一面祈禱，一面尋找真理。

我們的得救乃在乎我們對聖經真理的認識。上帝的旨意就是要我們得到這種知識。務要查考，要以如飢似渴的心來查考這寶貴的聖經。

查考的目的乃是要知道主所說的是什麼。如果你在查考之時有所感悟，如果你看出自己原來所持的成見與真理不符，切不可

曲解真理來配合你自己的意見，乃要領受所賜的亮光，敞開心思意念，以便看出上帝聖言中的奇妙。

認基督為世界救贖主的信心，其先決的條件乃是一顆能辨識並欣賞天上財寶的心。

我們需要聖靈的啟迪，以便認明上帝聖言中的真理。

因上帝無限仁愛的恩慈而差來的聖靈，將屬於上帝的事顯明給每一篤信基督的人。藉著祂的能力，使一切有關人類得救的重大真理得以銘刻在他們心中，並使生命之道得以彰顯，叫任何人都不致失迷。

探尋的報賞

凡以基督的精神去查考聖經的人，沒有得不著報賞的。人若能像小孩子一樣樂意受教，並全然順服上帝，就必在祂的聖言中找到真理。如果人肯順從，他們便能明瞭上帝的計畫。上帝要敞開恩典和榮耀的府庫供其探尋。

基督在向天父祈禱時，曾給了世人一個應該銘刻於心靈中的教訓。祂說：「認識你獨一的真神，並且認識你所差來的耶穌基督，這就是永生。」註3這就是真教育，它能賜人能力。這種由於實際經驗而對上帝和祂所差來的耶穌基督所有的認識，能使人改變而有了上帝的形像。

「呼求明哲，揚聲求聰明，尋找他如尋找銀子，搜求他如搜求隱藏的珍寶，你就明白敬畏耶和華，得以認識上帝。」註4

【註1】太16：26　　【註2】可7：7　　【註3】約17：3
【註4】箴2：3－5

09 重價的珠子

根據：太13：45－46

我們的救主，將救贖之愛的福惠比作一顆寶貴的珍珠，祂用買賣人尋找好珠子的比喻來說明祂的教訓。這個買賣人「遇見一顆重價的珠子，就去變賣他一切所有的，買了這顆珠子。」註1

基督本身就是那顆重價的珠子。

基督「到自己的地方來，自己的人倒不接待他。」上帝的光照在世界的黑暗裡，「黑暗卻不接受光。」但不是人人都對那天賜的禮物漠不關心。比喻中的買賣人，代表一班誠心愛慕真理的人。在世界各國都有誠懇而有思想的人，他們曾經在文字、科學和各種宗教中尋找珍寶。猶太人中也有一些在尋找自己所欠缺的，他們不滿意形式化的宗教，卻渴慕那屬靈的、令人振奮的信仰。基督所揀選的門徒就屬於這一等人，而哥尼流和埃提阿伯的太監則屬於前者。他們都一直在尋找從天而來的光；所以當耶穌顯現時，他們就歡歡喜喜地接待祂。

比喻中的「珠子」並不是一種贈品。那買賣人乃是用他一切所有的作代價，將它買了下來。當我們將自己全然獻與基督時，祂便要將自己連同天上的一切財寶賜給我們。

救恩固然是白白賜予的，但也是可以買賣的。在上帝的恩慈

所經營的市場中，寶貴的珍珠是「不用銀錢，不用價值」就可買到的。在這個市場上，人人都可以獲得天上的貨物，真理珠寶的府庫是敞開的。

基督的福音是人人可以獲得的福惠。最貧窮的人也能像最富足的人一樣得到救恩。因為人屬世的財富，不論多少，也不能保證他獲致救恩。救恩的獲得乃是藉著樂意的順從，將自己獻給基督，當作祂所特特買來的產業。

我們固然不能賺得救恩，但我們必須用極大的興趣和毅力來尋求它，即使為它而捨棄一切屬世所有的，也在所不惜。

我們要尋找重價的珠子，但不是在世上的市場中去尋找，也不是依照屬世的模式去尋求。我們所需付出的代價並不是金銀，上帝所要的乃是你我樂意的順從。祂要我們放棄罪惡。基督說：「得勝的，我要賜他在我寶座上與我同坐，就如我得了勝，在我父的寶座上與他同坐一般。」註2

買賣人尋找好珠子的比喻有雙重的意義：它非但說明世人尋找天國，也說明基督尋找祂喪失的產業。那尋找好珠子的天上買賣人──基督，祂認為喪亡的人類乃是重價的珠子。祂在被罪惡玷污而敗壞的人類身上，看出了救贖的可能性。經過愛的搶救之後，在救贖主的眼中，他們比那些從來沒有墮落過的更為寶貴。而且，耶穌找到了這顆珠子，就將它鑲嵌在自己的王冠上。

但我們最需要注意的主題，乃是說基督也是重價的珠子，以及我們有特權去擁有這天國的財寶。向人顯明珍珠之寶貴價值的乃是聖靈，聖靈顯出能力的時候，就是人特意尋找並找著這上天禮物的時候。基督在世之日有許多人聽見了福音，但他們的心被

虛假的教訓混淆了，所以沒有看出那卑微的加利利教師乃是上帝所差來的。但基督升天之後，正式登上天國的中保王位，聖靈的沛降就是這時的信號。聖靈在五旬節沛然降臨下來，於是基督的見證人宣布了救主復活的大能。當使徒將父獨生子的榮耀彰顯出來的時候，一天之內就有三千人悔改。聖靈所顯示的基督，使他們深刻地體會到祂的權柄和威儀，於是他們便憑著信心向祂伸出手來說：「我相信。」

這一幕幕的景象將要重演，而且聖靈還要顯出更大的能力。五旬節聖靈的沛降乃是早雨，但晚雨的下降將更為豐盛。聖靈在等著我們的祈求和領受。基督要藉著聖靈的能力，再度豐豐富富地顯現出來。世人要看出珍珠的寶貴，他們要和使徒保羅一同說：「我先前以為與我有益的，我現在因基督都當作有損的。不但如此，我也將萬事當作有損的，因我以認識我主基督耶穌為至寶。」註3

【註1】太13：46　　　【註2】啟3：21　　　【註3】腓3：7－8

10 撒網

根據：太13：47－50

「天國又好像網撒在海裡，聚攏各樣水族。網既滿了，人就拉上岸來，坐下，揀好的收在器具裡，將不好的丟棄了。世界的末了，也要這樣。天使要出來，從義人中把惡人分別出來，丟在火爐裡。在那裡必要哀哭切齒了。」[註1]

撒網代表傳講福音。這就是說將好人和惡人都收進了教會。教會中的假弟兄要使真理之道遭受毀謗。連一些基督徒也要因此而跌倒，但是當福音的使命完成之後，就要藉著審判來做一番分別的工作。

稗子的比喻和撒網的比喻都清楚地說明，不會有一切惡人都轉向上帝的那一天。麥子和稗子要一齊生長，直到收割的時候。好魚和不好的魚，都要拉到岸上來，然後作最後的分別。

再者，這兩個比喻也說明，審判之後就不再有寬容的時期，一旦宣揚福音的工作完成，緊接著就是分別善惡的工作，那時兩者的命運便永遠決定了。

上帝並不願任何人滅亡。「主耶和華說：『我指著我的永生起誓，我斷不喜悅惡人死亡，惟喜悅惡人轉離所行的道而活。……你們轉回，轉回吧！離開惡道，何必死亡呢？』」[註2]在

HIGHWAYS TO HEAVEN
埋藏的財寶

寬容時期，祂差下聖靈不住地勸人接受生命的恩賜，唯有拒絕祂勸勉的人才要被丟棄而滅亡。凡堅持罪惡的人，終必與罪惡同歸於盡。

【註1】太13：47－50　　【註2】結33：11

11 豐富的寶藏庫

根據：太13：51－52

當基督教訓眾人的時候，祂也是在為將來的工作訓練祂的門徒。祂講完撒網的比喻以後，問門徒說：「這一切的話，你們都明白了麼？」他們回答說：「我們明白了。」於是祂就用另一個比喻講明他們對所領受之真理的責任。祂說：「凡文士受教作天國的門徒，就像一個家主從他庫裡拿出新舊的東西來。」

那家主並不是將所得的財寶囤積起來，而是把它拿出來交給別人。基督教訓門徒要照樣將所託付給他們的真理傳給世人。而且當真理的知識一傳出的時候，信的人就必增多。

凡領受福音的人，必定渴望將這信息傳揚出去。這種天生的、對基督的愛，必須有所表達。因此凡披戴基督的人必要講述他們的經驗，訴說聖靈如何一步一步地引領他們——使他們如飢似渴地要認識上帝和祂所差來的耶穌基督，如何查考聖經，如何禱告，如何在經歷心靈痛苦時聽見基督向他們說：「你的罪赦了。」

真理的偉大寶庫就是上帝的話——聖經，它是自然的大課本，也是上帝與人類交往的記錄。

自然科學乃是一個知識的寶庫，當我們注視自然界的美，

研究開墾土地、培植樹木以及天空、陸地和海洋的種種奇妙萬象時，我們就必對真理產生新的認識。還有上帝對待人類的奇妙作為，以及在人生經驗中所顯明的智慧與判斷的深奧——這些都是豐富的寶庫。

然而向墮落人類啟示上帝的知識，乃在聖經之中。

上帝的聖言包括全部新舊約聖經。這兩者任何一部都不能單獨成為完全的。基督曾宣稱舊約聖經的真理和新約有相同的價值。在世界的開始，基督已是人類的救贖主，正如今日一樣。在祂以人性遮掩神性而降世之前，福音的信息曾由亞當、塞特、以諾、瑪土撒拉和挪亞等人傳講。在迦南的亞伯拉罕和在所多瑪的羅得也曾宣傳這信息。世世代代都有忠心的福音使者，宣傳將要來臨的那一位。猶太教的儀式乃是基督自己所制定的，祂是他們祭祀制度的基礎，是他們宗教儀式所象徵的那一位。祭牲被殺的所流的血，預表「上帝的羔羊」的犧牲。一切象徵性的祭祀都應驗在祂的身上。

那向先祖所顯示、在祭祀禮儀中所象徵、在律法中所表現的，以及由眾先知所啟示的基督，都是舊約聖經中的珍寶。基督的生、死與復活，以及藉聖靈所顯明的基督，都是新約聖經中的寶藏。我們的救主就是父榮耀所發的光輝，祂是「舊」的，也是「新」的。

自從在伊甸園宣佈第一個有關救贖的應許以來，基督的生活、品德以及為人贖罪的工作，就成為人研究的主題。然而每一位有聖靈在心中運行的人，都曾在這些題旨上發現了新的亮光。這些真理雖然是舊的，卻也是永新的，經常向尋求的人顯現更光

明的榮耀和更雄偉的力量。

真理在每一個時代都有新的發展,就是上帝給當代人的信息。新的真理並不是離開舊的真理而獨立,乃是闡明舊的真理。我們唯有明白舊的真理,然後才能領會新的。當基督想為門徒解說祂復活的真理時,「從摩西和眾先知起,凡經上所指著自己的話,都給他們講解明白了。」註1然真理所新啟發之光。凡拒絕新真理的人,並沒有真實地擁有舊真理。他們雖然講授舊約,但他們的教訓卻沒有真實的能力。

許多自認為相信並宣傳福音的人也犯了相同的錯誤,竟將舊約聖經放在一邊。基督論到舊約曾說:「給我作見證的就是這經。」他們棄絕了舊約,實際上也就棄絕了新約,因為二者是不能分割的整體。人若不講福音,就不能正確地講解律法;若不講律法,也就不能正確地講解福音。因為律法乃是福音的本體,而福音卻是律法的開展。律法是根本,福音則是它芬芳的花朵和所結的果實。舊約和新約相互輝映。二者都顯示上帝在基督裡的榮耀。

在耶穌裡的真理,是可以體驗而不能徹底理解的。它的長闊高深超乎我們的知識範圍之外。我們儘管用盡想像力,我們所見到的也不過是這無法解釋之愛的輪廓而已。這愛雖高及穹蒼,卻已屈尊在世,為要將上帝的形像銘刻在全人類的身上。

我們的生命必須與基督的生命聯結在一起,必須不住地從祂領受分享那從天而降的生命之糧,並汲取那永遠清新且經常湧出寶藏的泉源。我們如果常將主擺在面前,不斷地向祂表示感謝和讚美,那麼我們的宗教生活便常具有新的氣象。我們的祈禱要採

取與上帝談話的模式，如同和朋友談心一樣。

基督的宗教要在相信的人身上顯出活潑有功效的屬靈能力。這等人必表現永遠青春的朝氣、能力和喜樂。領受上帝聖言的心靈，就不像易於乾涸的水潭，也不像破裂漏水的池子。乃像山間的溪流，發源於湧溢不竭的泉源，其清冽晶瑩的活水從石隙中長流不息，使疲倦、乾渴、背負重擔的人得以甦醒。

忠心的家主代表每位教師應有的素質。他若將上帝的話當作寶庫，就必不斷地找出新的真理來。作教師的如果在祈禱中仰賴上帝，基督的靈便要降在他的身上，上帝也要經由他，並藉著聖靈來感化別人的心。

聖經中擁有上帝聖潔教化的靈。每一頁都有新奇寶貴的光照射出來。其中有真理顯明，它一字一句都像是上帝的聲音向人心說話，能適用在人生的各種境遇。

聖靈喜愛向青年人說話，並向他們展現上帝聖言的豐富和優美。那位大教師基督所講述的應許，能使人著迷，並鼓舞人心。使人心熟悉屬靈的事，作為抗拒試探的保障。

人越研究聖經就越重視它的價值。研究的人無論轉向哪一方面，都能發現上帝所顯示的無窮智慧和慈愛。

基督說：「認識你獨一的真神，並且認識你所差來的耶穌基督，這就是永生。」註2 我們為什麼不能體會到這一種知識的價值呢？何不使這些光榮的真理從我們心中照耀、從我們口中講說並充實我們整個身心呢？

在永恆的將來我們必會發現，如果我們領受了一切可能獲得的光照，就必啟迪我們的悟性。救贖的大恩將充滿得贖之民的

心智與口舌，直到永恆的將來，那時他們便要明白，基督曾渴望對門徒解釋而當時他們卻沒有信心去領受的真理。對於基督的完美與榮耀的新見解必定要出現，直到永永遠遠。在將來無窮的歲月中，那位忠信的「家主」還要從祂的府庫裡「拿出新舊的東西來。」

【註1】路24：27　　【註2】約17：3

12 求則得之

根據：路11：1－13

　　基督的門徒因祂祈禱的習慣而印象深刻。有一天，他們與主分離片刻，回來時看見祂正在專心祈禱，門徒的心為之深受感動。當祂祈禱完畢，門徒隨即誠摯地要求說：「求主教導我們禱告。」

　　於是基督用比喻說明他們當學的教訓：

　　「你們中間誰有一個朋友，半夜到他那裡去，說：『朋友，請借給我三個餅。因為我有一個朋友行路，來到我這裡，我沒有什麼給他擺上。』那人在裡面回答說：『不要攪擾我，門已經關閉，孩子們也同我在床上了，我不能起來給你。』我告訴你們，雖不因他是朋友起來給他，但因他情詞迫切地直求，就必起來照他所需用的給他。」[註1]

　　在比喻中，求餅的人乃是為了要幫助別人而求的。他務要得著那餅，不然他就不能供應那位在夜間行路之朋友的需要了。他的鄰舍半夜受到攪擾，雖然不悅，但他不能拒絕他的懇求，因他的朋友必須濟助。最後，他迫切的懇求終於得到了回應。

　　門徒也當以同樣的心理向上帝求福。基督曾向門徒說他們乃是祂的代表。他們要將生命的糧分給眾人，他們自己必須先領受

靈糧，否則就無從分給別人。但他們也不可讓任何人空著肚子回去。基督向他們指出了供應的來源。那位有朋友需要招待的人，即使朋友是在半夜到來，他也沒有推辭。他雖然沒有什麼可以給他，但他卻向一位有食物的人迫切直求，直到這位鄰舍供給他的需用，方才罷休。

比喻所提的教訓不是用來「比較」，乃是作為「對照」。一個自私自利的人，因為要擺脫一個打擾他休息的人，尚且允准人迫切的要求，何況上帝乃是以施捨為樂？祂是滿懷慈悲，而且極願應允憑信心來求告祂的人。祂施恩給我們，使我們可以效學祂的樣式將恩典轉施與人。

基督宣稱：「你們祈求就給你們；尋找就尋見；叩門就給你們開門。因為凡祈求的就得著；尋找的就尋見；叩門的就給他開門。」^{註2}

祂繼續說：「你們中間作父親的，誰有兒子求餅，反給他石頭呢？求魚，反拿蛇當魚給他呢？求雞蛋，反給他蠍子呢？你們雖然不好，尚且知道拿好東西給兒女。何況天父，豈不更將聖靈給求他的人嗎？」

為了加強我們信賴上帝的心，基督要我們用一種新的名稱來稱呼上帝，這稱呼意味著人類感情中最親切的關係。

上帝看我們是祂的兒女。祂已經從漠不關心的世人中，把我們救贖出來，揀選我們作王室的家屬，作天上大君的兒女。祂邀請我們用一種比信靠世上生父更深切的信心來依靠祂。

應當仔細地思想基督對祈禱的教訓。祂顯明了祈禱的真精神，教我們恆切地向上帝祈求，也保證上帝樂意垂聽我們的禱告。

我們不應專為一己的利益而求。我們祈求乃是為了要施捨。我們在世上的使命不是為自己服務、求自己的喜悅，而是要與上帝合作去拯救罪人並榮耀祂。我們向上帝求恩，乃是為了要將這恩典轉送他人。

上帝應許的實現是有條件的，祈禱決不能取代我們應盡的本分。基督說：「你們若愛我，就必遵守我的命令。」「有了我的命令又遵守的，這人就是愛我的；愛我的必蒙我父愛他，我也要愛他，並且要向他顯現。」註3

基督給他門徒最後的吩咐之一乃是：「我怎樣愛你們，你們也要怎樣相愛。」註4我們有沒有遵守這個命令？有沒有表現苛刻的、非基督化的性情？如果我們以任何方式得罪或傷害了別人，就必須認錯，並努力與人和好。在我們憑著信心到上帝面前來求福之前，這乃是一個必要的準備。

還有一件事是那些尋求主的人經常忽略的，就是：你有沒有誠實地對待上帝？上帝是一切福惠的賜予者，祂要從我們所有的財物中索回一部分，作為傳揚福音之用。同時，我們也藉著將這一部分歸還給上帝，表示我們答謝祂的恩賜。但我們若扣留上帝所指定歸祂的那一部分，又怎能向祂求福呢？我們若不在屬世的財物上作忠心的管家，又怎能指望上帝將天國的財物託付我們呢？

我們必須堅定地信賴上帝。祂有時遲延而不立即應允我們，乃是為要考驗我們的信心，或察驗我們願望的真實性。所以，我們既是按照祂的話而求，就當篤信祂的應許，並用一種祂所不能拒絕的決心向祂祈求。

我們的祈禱要像那在半夜向鄰舍求餅的人那樣誠懇而迫切。我們愈是誠懇、堅持地求，我們與基督屬靈的聯合就必愈加密切，我們也必因信心增長而領受更多的福惠。

要以基督的話作你的保證。祂豈不是邀請你來就近祂麼？萬不可容自己說消極灰心的話。

真實的信心帶有一種不能為時間和辛勞所磨滅的興奮，堅持以及百折不撓的志氣。「就是少年人也要疲乏困倦，強壯的也必全然跌倒。但那等候耶和華的必從新得力。他們必如鷹展翅上騰，他們奔跑卻不困倦，行走卻不疲乏。」註5

我們非但要奉基督的名祈禱，也要出於聖靈的感動。聖經說聖靈「用說不出來的歎息替我們禱告」就是這個意思。這樣的禱告乃是上帝所樂意應允的。當我們誠懇且熱切地奉基督的名祈禱時，這種熱切的心本身就是上帝所賜的保證，說明祂將要「充充足足地成就一切，超過我們所求所想的。」註6

凡尋求祂的必能尋見，凡叩門的就為他們開門。上帝決不會推辭，說：「不要麻煩我，門已經關了，我不願意開門。」祂決不會向任何人說：「我不能幫助你。」凡在半夜求餅以供給飢餓之人的，就必得著。

【註1】路11：5－8　　【註2】路11：9－10　　【註3】約14：15、21
【註4】約13：34　　【註5】賽40：30－31　　【註6】弗3：20

13 兩等崇拜者

根據：路18：9－14

　　基督「向那些仗著自己是義人，藐視別人的，」講了一個比喻，其中提到一個法利賽人和一個稅吏。法利賽人上殿裡去禱告，並非覺得自己有罪需要被赦免，而是自以為義，盼望博得稱許。他把崇拜這件事看作是博得上帝歡心的一個善舉。

　　他充滿自詡之情，昂首闊步地走進聖殿。

　　他說：「上帝啊，我感謝你，我不像別人勒索、不義、姦淫，也不像這個稅吏。」他評估自己的品格，不是以上帝的聖德為標準，而是與別人作比較。

　　他開始數算自己的善行：「我一個禮拜禁食兩次，凡我所得的都捐上十分之一。」這個法利賽人的宗教並未與他的心靈發生任何關係。他不是在追求與上帝的聖德相似，故未得到神聖的福惠。

　　稅吏和其他的崇拜者一同走入聖殿，但他很快就走到一旁。他遠遠地站著，心中極度痛苦，「連舉目望天也不敢，只捶著胸。」他感到自己得罪了上帝，滿身罪污。他不敢企望從他周圍的人那裡得到憐憫，因為他們都藐視他。他知道自己毫無功勞足以獲得上帝的嘉許，於是在極度的絕望中哀求說：「上帝啊，開

恩可憐我這個罪人！」他沒有與別人相比。他在罪惡的重擔之下，似乎獨自站在上帝的面前。他唯一的願望，就是得到赦免和平安；他唯一的懇求，就是上帝的憐憫。因此基督說：「我告訴你們，這人回家去，比那人倒算為義了。」

法利賽人和稅吏所代表的兩等人，也能從使徒彼得的經歷中學得教訓。彼得初作門徒之時，自以為堅強，他像那法利賽人一樣自以為「他不像別人」。當基督在被賣的那一夜預先警告門徒，今夜為祂的緣故「都要跌倒」時，彼得毫不遲疑地說：「眾人雖然跌倒，我總不能。」彼得沒有看出自己的危險，自恃之心迷住了他，使他以為自己足能抗拒試探。但是，在短短的數小時內，考驗臨到了，他竟然發咒起誓否認他的主。

當雞叫的聲音使他想起基督的話時，他對自己適才所做的事大驚不已，便轉臉仰望他的主。就在這時，基督也正在注視彼得。在那悲愁的一瞥之中，祂的慈悲和仁愛觸動了彼得，彼得這才認識了自己，於是出去痛哭。基督的那一瞥使他心碎了。彼得已經到達了人生的轉捩點，他悲痛地懺悔自己的罪過。他像那稅吏一樣地認罪，也像稅吏一樣地得到了憐憫。

基督的一瞥給了他赦免的保證。如今他的自大的心消逝了，從此不再重彈那自誇的老調了。

基督在復活之後，曾三次考問彼得。祂說：「約翰的兒子西門，你愛我比這些更深嗎？」這時彼得不再高抬自己在眾弟兄之上了，他請求那洞察他內心的主說：「主啊，你是無所不知的，你知道我愛你。」

先前那暴躁、自誇、自大的門徒，已經變為一個柔和及悔罪

的人了。此後他一直在克己自制和自我犧牲的事上效法他的主。

那使彼得跌倒並使法利賽人不能與上帝交往的罪，也是今日千萬人的危險。在上帝看來，再沒有比驕傲自負更可憎的；就人類而言，再也沒有比這更危險的了。

彼得的跌倒並非偶然，乃是逐漸形成的。凡接受基督並在初信時很有把握地說：「我已得救了」的人，有過於自恃的危險。他們忘了自己的軟弱以及不斷需要神聖的能力。他們沒有準備應付撒但的計謀，因此在試探來臨的時候，便像彼得一樣地墮入罪惡的深淵。主訓誡我們說：「所以自己以為站得穩的，須要謹慎，免得跌倒。」[註1]我們唯一的安全之道，是不靠自己，而是全心仰賴基督。

彼得必須看出自己性格上的弱點，以及他對基督能力與恩典的需要。主不能使他免受試煉，但卻能救他免遭失敗。彼得如果願意接受基督的警告，就必儆醒祈禱。他必戰戰兢兢地行走天路，以免滑跌。他也必接受上帝的援助，這樣，撒但就無法戰勝他了。

彼得跌倒，乃是由於傲慢自負；而他後來重新站穩了腳步，乃是因為悔改和自卑。每一個痛悔的人，都可以從他的經驗中得到莫大的勉勵。雖然彼得犯了嚴重的罪，但他仍沒有被丟棄。基督的話仍然銘刻在他的心上：「我已經為你祈求，叫你不至於失了信心。」[註2]基督在復活之後，還想念著彼得，並叫天使傳信息給婦女們說：「你們可以去告訴他的門徒和彼得，說：『他在你們以先往加利利去。在那裡你們要見他。』」彼得的懺悔已經被救主接受了。

那搭救彼得的慈憐，也必幫助每一個陷於試探之下的人。基督已立約做我們的替身和保證人。祂必以憐憫拯救每一個承認無法自救的人。

我們在尋求饒恕與平安之前，必須對自己先有認識，即是一種認罪悔改的認識。在聖殿中的這個法利賽人既不感覺自己有罪，聖靈也就不能為他作工了。

主說：「你説：我是富足，已經發了財，一樣都不缺；卻不知道你是那困苦、可憐、貧窮、瞎眼、赤身的。我勸你向我買火煉我金子，叫你富足；又買白衣穿上，叫你赤身的羞恥不露出來；又買眼藥擦你的眼睛，使你能看見。」註3火煉的金子就是那使人生發仁愛的信心。唯有這種信心才能使我們與上帝和諧。我們可能相當活躍，可能做很多的工作，但若沒有愛──就是那藏在基督心中的愛，就永不能成為天家的一分子。

税吏的祈禱蒙了應允，是因他本著依靠的心，盡力握住全能者。他的自我是羞愧的。凡尋求上帝的人，也必須具有這種感受。凡感到缺乏的人，必須藉著信心──一種棄絕一切自恃的信心，握住那無限的權力。

我們越就近耶穌，就會越清楚地看出祂品格的純潔，便越了解罪之所以為罪，也就越發無意高抬自己了。上天所承認為聖者的，乃是最不想誇耀自己善良的人。使徒彼得終於成為基督忠誠的僕人，並因受神聖的光照而大得尊榮。

使徒或先知中，從來沒有一個人自稱是無罪的。在生活上最接近上帝的人，就是那些寧可死也不願故意犯錯的人。他們不倚賴肉體，也不自以為義，乃是完全依靠基督的義。凡仰望基督的

人，也必如此。

　　要知道我們的能力全在乎基督。我們要像使徒一樣承認説：「我也知道，在我裡頭，就是我肉體之中，沒有良善。」「但我斷不以別的誇口，只誇我們主耶穌基督的十字架。因這十字架，就我而論，世界已經釘在十字架上；就世界而論，我已經釘在十字架上。」註4

　　「因為那至高至上、永遠長存、名為聖者的如此説：我住在至高至聖的所在，也與心靈痛悔謙卑的人同居，要使謙卑人的靈甦醒，也使痛悔人的心甦醒。」註5

　　從前當摩西藏身在磐石穴中時，他得以看見上帝的榮耀。當我們藏身在那裂開的「磐石」中時，也將聽見主所説的話。上帝也要對我們宣告祂自己是「有憐憫、有恩典的上帝。」

【註1】林前10：12　　【註2】路22：32　　【註3】啟3：17－18
【註4】加6：14　　【註5】賽57：15

14 祈禱的能力

根據路18：1－8

　　基督曾經論及祂復臨之前的一段時期，以及祂的信徒所必須經歷的危險。祂又特別針對著那個時期講了一個比喻，「是要人常常禱告，不可灰心。」

　　祂說：「某城裡有一個官，不懼怕上帝，也不尊重世人。那城裡有個寡婦，常到他那裡，說：『我有一個對頭，求你給我伸冤。』他多日不准。後來心裡說：『我雖不懼怕上帝，也不尊重世人，只因這寡婦煩擾我，我就給她伸冤吧！免得她常來纏磨我！』主說：你們聽這不義之官所說的話。上帝的選民晝夜呼籲他，他縱然為他們忍了多時，豈不終久給他們伸冤麼？我告訴你們，要快快的給他們伸冤了。」

　　這個官既不注重正義，又不憐憫受苦的人。那寡婦曾多次被他回絕。她一次又一次地到他面前來，然而所得到的祇是輕蔑、拒絕。這個官知道她的訴訟是合理的，也能夠立時替她伸冤，但他沒有這樣做。然而寡婦並不灰心喪志。她不顧法官無動於衷的態度，仍然堅持她的請求，直到他應允處理她的案件為止。

　　基督在這裡將不義的官和上帝作了一個尖銳的對比。法官答應寡婦的請求，是出於自私的動機，不過想要擺脫她的纏擾罷

了。他對她根本沒有什麼憐恤和慈悲之念，寡婦的苦情對他無關痛癢。這與上帝對待尋求他之人的態度是何等的不同啊！祂以無窮的慈愛，接納一切有需要及受磨難之人的請求。

這個向法官請求伸冤之婦人的丈夫已經去世。她孤苦零丁，無法挽回自己的厄運。照樣，人因為罪而與上帝斷絕了關係，人無法自救，只有在基督裡我們才得以親近天父。不義的法官對那求救的寡婦並無特別的關切，但為了要擺脫那婦人的哀求，他終於聽了她的申訴，救她脫離了他的對頭。但上帝卻是以無窮的慈愛對待祂的子民。在祂看來，地上最可愛的就是祂的兒女。

這寡婦的禱告代表上帝子民的禱告：「我有一個對頭，求你給我伸冤」，──「替我主持公道，」《現代中文譯本》。撒但乃是他們的大對頭，他是「控告我們弟兄的」。

撒但控告的工作是在天上開始的。自從人類墮落以來，這就是他在地上的工作，而且在我們接近世界歷史終局的時候，這種工作將要成為他的特別任務。他既看出自己的時候不多了，便更急切地從事欺騙與破壞的工作。

主的子民並不能靠著自己來答辯撒但的控告，但他們能求助於那神聖的辯護者，提說救贖主的功勞。上帝要顯明「他自己為義，也稱信耶穌的人為義。」[註1]主的子民以堅定的信心呼求祂制止撒但的控告，並使他的詭計失效。他們禱告說：「我有一個對頭，求你給我伸冤。」於是基督藉著十字架這強有力的論據，制止了這個猖狂的控告者。

上帝的子民雖然有不少的缺欠，但基督並不因此而離棄祂所眷顧的對象。祂有權柄將他們那污穢的衣服脫去，並將自己公義

的外袍披在悔改並相信祂的人身上，祂在全宇宙的面前承認他們是屬祂的。

主說：「要在患難之日求告我。」祂邀請我們將一切困惑、缺乏和需要都告訴祂。祂吩咐我們要時常禱告，一旦遭遇困難，就要向祂誠摯懇切地祈求，以恆切的禱告來表現我們對祂的堅信。

那些為信仰而遭受毀謗和逼迫的人，往往以為上帝離棄了他們。在人的眼中，他們是佔少數的。從表面上看來，敵人似乎已戰勝了他們。但願他們沒有違背自己的良心。那曾為他們受難並曾擔負他們的憂患和痛苦的主，事實上並沒有離棄他們。

但願凡受苦待和冤屈的人，都向上帝呼籲，不要去求那些心如鐵石的世人，乃要將你的請求呈告於創造主的面前。凡以痛悔之心到祂面前來的人，沒有一個會遭受拒絕。沒有一句誠意的祈禱會落空。我們或在密室中傾吐心願，或在路上行走時默然禱告，我們的話語都必達到宇宙之主的寶座前。

「所以你們不可丟棄勇敢的心，存這樣的心必得大賞賜。你們必須忍耐，使你們行完了上帝的旨意，就可以得著所應許的。因為還有一點點時候，那要來的就來，並不遲延。」註2「看哪，農夫忍耐等候地裡寶貴的出產，直到得了秋雨春雨。你們也當忍耐，堅固你們的心，因為主來的日子近了。」註3

主在世世代代都顯明祂的作為。每當危機來到時，祂總是彰顯自己，攔阻撒但的計畫。

在這罪惡橫行的時代，我們可以知道最後的危機已經近了。正當侮蔑上帝的風氣似乎普及全球，而他的子民被世人壓迫苦害

的時候，主就必出而干預。

　　不論上帝的兒女曾背負過怎樣的十字架，受過怎樣的損失，遭遇過怎樣的逼迫，甚至喪失了生命，他們終必得著充分的報償。他們「要見他的面，他的名字必寫在他們的額上。」[註4]

【註1】羅3：26　　　【註2】來10：35－37　　【註3】雅5：7、8
【註4】啟22：4

15 「這個人接待罪人」

根據：路15：1－10

　　當「稅吏和罪人」聚集在基督身邊的時候，拉比們就表示不悅。他們說：「這個人接待罪人，又同他們吃飯。」

　　他們藉這個指控，暗諷耶穌喜歡和罪惡卑賤的人來往，而不介意他們的邪惡。祂公然地同情被社會所遺棄的人，而使那些以社會保護者自居的拉比們惱怒不已。

　　還有一件令拉比們惱怒的，就是有一班向來輕看他們而且從不在會堂露面的人，竟群集在耶穌身邊專心地傾聽祂的講論。

　　法利賽人只知向這些人表示輕蔑和責備，基督卻把他們看作上帝的兒女來接待。這些人固然已經遠離了父家，可是天父並沒有把他們忘掉。況且他們的痛苦和罪惡，更使他們成為天父憐愛的對象。他們在外飄流，離祂愈遠，祂的惦念之心就愈深切。

迷失的羊

　　這時基督並沒有用聖經的話提醒祂的聽眾，祂用他們自己的經歷來引起他們的興趣。約但河東岸的廣大高原是牧放羊群的好牧場，在那低窪的山谷和一片叢林的丘陵上，常有許多迷途的羊徘徊，等待牧人去尋找並帶回去照顧。在耶穌四圍的群眾中有牧

羊的,也有一些是投資在羊群牛群上的人,因此他們都能領會祂的比喻:「你們中間誰有一百隻羊,失去一隻,不把這九十九隻撇在曠野,去找那失去的羊直到找著呢?」註1

耶穌說,你們所藐視的這些人乃是上帝的產業。由於創造,也由於救贖,他們乃是屬於祂的,而且在祂看來,他們是極其貴重的。牧人愛護自己的羊群,即使有一隻迷失了,他也不安寧。同樣地,上帝以更高深莫測的慈愛來愛護每一個淪亡的生靈。

在比喻中,牧人出去尋找「一」隻羊——一個最小的數目。照樣,即使只有一個迷失的生靈,基督也情願為那人捨命。

當牧人發現一隻羊失落了,他並非無動於衷地看著那安全地在圈內的羊群說:「我這裡還有九十九隻,要去尋找那一隻迷失的羊實在太麻煩了。還是讓牠自己回來吧,我打開羊圈的門容牠進來好了。」他乃是立即撇下在圈內的九十九隻,去尋找那隻迷失的羊。夜色越昏暗,風暴越厲害,路途越險峻,牧人的焦慮就越深切,他的尋找也就越認真。他用盡一切力量,要尋回這一隻迷失的羊。

當他遠遠地聽到迷羊微弱的哀號時,他的心中得到了何等的安慰啊!他循著聲音的方向,翻山越嶺,冒著性命的危險,攀越懸崖峭壁。他的辛勞終於得到了報償,迷失的羊找著了。這時他並不因羊所加給他的麻煩而斥責牠,也不用鞭驅趕牠,甚至也不牽著牠回去。祂乃是歡歡喜喜的將這顫抖著的小生物扛在肩上,羊若受了傷,他便將牠緊緊地抱在懷中。牧人慶幸他沒有徒勞尋找,而是快樂地將羊帶回羊圈。

感謝上帝,祂並沒有形容這個牧人空手而歸。這給了我們

神聖的保證，説明在上帝的羊群中，即使走迷了一隻也不會被忽視，沒有一隻羊會被撇棄而得不著救助的。

　　喪志的人啊，縱使你做過惡事，還是要鼓起勇氣，不要想「或許」上帝會寬恕你的過犯，或許祂會讓你來到祂的面前。祂已先向你作了表示：當你還背叛祂的時候，祂就已出來尋找你了。祂本著牧人仁慈的心腸，撇下了那九十九隻，去到曠野尋找那失落的一隻。祂以慈愛的膀臂懷抱每一個行將淪亡的生靈，並歡歡喜喜地將他們帶回到安穩的羊圈。

　　猶太人教訓人説：罪人必須先悔改，然後才能承蒙上帝的愛。在他們看來，悔改乃是人賺得上帝寵愛的一種行為。因為有了這種想法，才使法利賽人驚奇憤怒地説：「這個人接待罪人。」但基督卻在這迷羊的比喻中教人明白，救恩的臨到並不是由於我們尋求上帝，乃是由於上帝來尋找我們。「沒有明白的；沒有尋求上帝的；都是偏離正路。」我們悔改，並不是要使上帝愛我們，而是上帝向我們顯示祂的愛，使我們悔改。

　　當牧人終於將迷羊帶回家的時候，他快樂的歌聲流露了心中的感激。他邀請朋友和鄰舍來，對他們説：「我失去的羊已經找著了，你們和我一同歡喜吧！」照樣，當一個迷途的人被群羊的大牧人找回來時，天和地都要一同感恩歡喜。

　　「一個罪人悔改，在天上也要這樣為他歡喜，較比為九十九個不用悔改的義人歡喜更大。」

　　拉比們明瞭，基督的比喻是適用於稅吏和罪人的。其實它還有更廣的意義。基督不僅用迷羊代表一個罪人，也用它來代表這個背叛上帝和被罪惡敗壞了的世界。在上帝所統轄的廣大宇宙

中，這個世界不過是一粒微塵，然而這世界——迷失的羊，在祂看來，卻較那九十九隻沒有走離羊圈的更為寶貴。全天庭所敬愛的元帥基督，為了拯救這一個失喪的世界，竟降低祂崇高的身分，捨棄祂與父所共有的尊榮，離開天上無罪的世界，就是那愛祂的九十九隻羊，來到地上，「為我們的過犯受害，為我們的罪孽壓傷。」[註2]上帝在祂兒子的身上捨棄了自己，使祂因而得享找回迷羊的喜樂。

你曾經去尋找並領多少迷羊回歸羊圈呢？迷羊若不被領回到羊圈，牠就要流離喪亡。照樣，有很多人正因為沒有人向他們伸出救援的手，便要淪亡了。這些迷失之人在外表看來似乎是剛硬又魯莽的，但如果他們能得到和別人一樣的機會，他們可能會表現出更高貴的精神和更有用的才能。眾天使都憐憫這些迷失的人，為他們流淚，但世人卻無動於衷，毫無惻隱之心。

法利賽人知道基督的比喻乃是對他們的責備。祂並未接受他們的批評，反而指斥他們對稅吏和罪人的疏忽。祂雖然沒有明顯地責備他們，免得他們把心門關閉，但是祂的比喻卻顯示出上帝要他們去做他們所忽略的工作。許多人拒絕了基督的責備，但究竟仍有一些人因祂的話而信服了。在基督升天以後，聖靈便降在這些人身上，於是他們就和門徒聯合一致，去從事比喻中所述尋找迷羊的工作了。

失落的一塊錢

基督講完了迷羊的比喻之後，又講了一個比喻，說：「一個婦人有十塊錢，若失落一塊，豈不點上燈，打掃屋子，細細地

找，直到找著嗎？」註3

　　在近東一帶，窮人的住宅通常只是一間陰暗而沒有窗戶的屋子。房間也不常打掃，因此一塊錢落在地上，很快就會被灰塵和垃圾覆蓋了。若要尋找那塊錢，即或在白天也需要點上燈，並要細心地打掃房屋。

　　按當地的風俗，婦人的妝奩通常包括一些錢幣，她常將這些當作是自己的私蓄而妥為保藏，為要傳給自己的女兒。這筆錢若是失落了一塊，就認為是很嚴重的損失，一旦找了回來，就要大大歡喜，連四鄰的婦女們也要為之慶幸。

　　基督說：「找著了，就請朋友鄰舍來，對他們說：『我失落的那塊錢已經找著了，你們和我一同歡喜吧！』我告訴你們：一個罪人悔改，在上帝的使者面前，也是這樣為他歡喜。」註4

　　這比喻也和上一個相同，都是講到失落了東西，經過一番尋索，方才找回來。但這兩個比喻卻代表兩等不同的人。迷失的羊知道自己是失迷了，牠已經離開了牧人的羊群，但自己不能回來。牠是代表那些承認自己是遠離上帝並且是在困惑和屈辱之下受盡試探的人。失落的錢則代表那些沉溺於罪惡過犯之中，而毫無自覺的人。他們已與上帝隔離，但自己卻不知道。他們的靈性處於危險之中，他們並沒有感覺到，而且也毫不在意。基督在這個比喻中說明：連那些不關心上帝之要求的人，也是祂憐愛的對象。我們也應當去尋找這些人，好使他們也得以歸回上帝。

　　那一塊錢雖然落在塵埃之中，但它依然是一塊銀錢。物主尋找它乃因它是具有價值的。照樣，每一個人不論墮落到什麼程度，在上帝看來還是寶貴的。錢幣上刻有當權者的形像和稱號，

照樣，人在被造時，也帶有上帝的形像和稱號。雖然因罪的影響以致毀損失色，但各人身上多少總有遺留的痕跡。上帝希望得回那人，並在他的身上恢復祂的形像。

比喻中的婦人殷勤地尋找她所失落的錢。她點上燈，打掃屋子，將所有阻礙的東西搬開。失落的雖然只有一塊錢，但她非把它找到不可。照樣，在家庭中如果有一個人遠離了上帝，就當用盡一切的方法將他挽救過來。

家庭中若有一個孩子對自己有罪的情形還沒有覺悟，作父母的就不應放棄。當「點上燈」，查考聖經，並藉著聖經的光，盡力地檢查家庭中的每一項事物，看看究竟這個孩子為什麼會失落。作父母的要省察自己，檢討自己的習慣和行為。兒女乃是耶和華的產業，我們必須為了這項產業而對祂有所交代。

有一些作父母的切望到外國佈道區去工作；也有不少人在家庭之外的傳道工作上非常活躍，但他們的兒女對救主和祂的愛卻是陌生的。他們這樣行乃是忽略了上帝所交給他們的責任。教育並訓練自己的兒女成為基督徒，乃是父母向上帝所做最高尚的服務。

不論在什麼地方，總有失落的錢等待著我們去尋找。我們是否在尋找呢？我們每天總要遇見一些對宗教不感興趣的人，我們和他們談話，與他們來往，我們對他們屬靈的福祉有沒有表示關心？我們有沒有向他們提到基督是赦罪的救主呢？我們的心既因基督的愛而溫暖，就要把這愛轉告他們。如果沒有，那麼將來和這些人一同站在上帝寶座面前，看到他們將永遠沉淪時，我們怎麼對得起他們呢？

你若是與基督相交，便會用祂的眼光來看待每一個人。你也會以基督同樣深切的愛來同情他人。這樣，你便能爭取並吸引那些基督為之捨命的人，而不致驅散或拒絕他們。

　　天上的眾使者都準備好要協助這樣的工作。天國的一切資源都供應傳道者去使用。天使要幫助你找到那些最不關心和最剛愎的人。每當有一個人被帶到上帝面前來時，全天庭都要歡喜，眾天使便要彈奏金琴，歌頌讚美上帝與羔羊。

【註1】路15：4　　　【註2】賽53：5　　　【註3】路15：8
【註4】路15：9－10

16 浪子回頭

根據：路15：11－32

　　迷失的羊、失落的錢以及浪子的比喻，都將上帝向那些背離祂的人所表示的憐愛深刻地描繪出來。他們雖然轉離了上帝，但祂並不任憑他們去受苦。對一切遭受試探的人，祂總是充滿慈愛和親切的憐恤。

　　「一人有兩個兒子。小兒子對父親說：『父親，請你把我應得的家業分給我。』他父親就把產業分給他們。過了不多幾日，小兒子就把他一切所有的都收拾起來，往遠方去了。」

　　這個小兒子對父家的約束已經厭煩了。他認為他的自由受了限制。他未能領會父親對他的愛護和關懷，於是決心離家出走。

　　這個青年並不覺得對父親有什麼當盡的義務，也沒有表示感激的意思。他只曉得身為兒子，享有繼承父親產業的權利。那按理須等到父親死後才能傳給他的遺產，他現在就要索取。他只注意到目前的享受，而毫不顧及將來。

　　取得財產之後，他就離開父家，「往遠方去」。他擁有大量的金錢，可以隨心所欲地行事，因此便洋洋自得地認為他的心願已經達到了。不良的友伴使他沉溺於罪惡之中，他便「任意放蕩，浪費貲財。」

他從父親那裡要來的錢財，盡都浪費在花街柳巷中。他青春的精力消耗了。一生的黃金歲月、智力、光明的遠景以及心靈的抱負——這一切都被慾火燒盡了。

後來「那地方大遭飢荒」，他「就窮苦起來」，於是去投靠那地方上的一個人，那人打發他到田裡去放豬。在猶太人看來，這是最下賤、最卑鄙的工作了。他坐在地上，在那淒涼飢荒之境，除了豬群以外，一個朋友都沒有，他恨不得拿豬所吃的豆莢充飢。那在順利的日子簇擁在他身邊並花他的錢來吃喝的同伴們，現在已經走得無影無蹤了。如今一文不名，飢餓難當，他的驕傲消失了，他的道德萎靡意志軟弱，已經窮途末路了。

如果你選擇了這樣的人生，你該知道你是在「花錢買那不足為食物的，用勞碌得來的買那不使人飽足的。」你有時也不免會體認到自己墮落的景況。當你獨處遠方，感覺到自己的不幸，在絕望中哀呼：「我真是苦啊！誰能救我脫離這取死的身體呢？」註1 上帝會聽見你的聲音。

上帝的慈心仍眷念那些自行離開祂的人，藉著祂的感化力，使他轉回父家。那處於困苦境遇中的浪子終於「醒悟過來」了。撒但在他身上所施用的欺詐被戳穿了。他看出自己的苦惱乃是由於自己的愚昧，他說：「我父親有多少的雇工，口糧有餘，我倒在這裡餓死嗎？我要起來，到我父親那裡去。」浪子雖已到了山窮水盡的地步，仍能從父親慈愛的感召中得見一線希望。那吸引他回家的，也正是這愛。照樣，那不住地激勵罪人歸向上帝的，也就是上帝慈愛的保證。「他的恩慈是領你悔改。」聖神的憐憫與慈悲猶如一條金鏈，環繞著每一個處於險境的生靈。主說：「我以永遠的愛愛你，

因此我以慈愛吸引你。」註2

　　浪子決意要承認自己的罪過。他打算回到他父親那裡，對父親求情：「我得罪了天，又得罪了你。從今以後，我不配稱為你的兒子。」接著他還要說：「把我當作一個雇工吧！」這就顯明他對父愛的看法是多麼的狹窄。

　　這青年人就撇下了豬群和豆莢，轉向老家去了。他因飢餓而虛弱不堪，渾身顫抖，但還是鼓著勇氣前進。

　　他以疲累和痛苦的腳步踏上歸途的時候，絲毫不知父親正守候著他的歸來呢！在他「相離不遠」的時候，父親就認出他來了。父親「就動了慈心，跑去抱著他的頸項，」緊緊地摟著他。

　　父親不願讓人看見兒子狼狽不堪的樣子而藐視他。他將自己身上那件寬大貴重的外袍脫下來，裹在兒子瘦弱的身上，那青年飲泣吞聲地痛悔說：「父親，我得罪了天，又得罪了你，從今以後，我不配稱為你的兒子。」父親將他緊緊地抱在身旁，把他帶進家裡，並沒有順著他的請求讓他作僕人，他究竟還是兒子，所以要拿家中上好的東西讓他得到尊榮，也要家裡的僕人侍候他。

　　父親對僕人說：「把那上好的袍子快拿出來給他穿，把戒指戴在他指頭上，把鞋穿在他腳上，把那肥牛犢牽來宰了，我們可以吃喝快樂。因為我這個兒子是死而復活、失而又得的。他們就快樂起來。」

　　在比喻中並沒有譏諷和指責那浪子的罪行。浪子感到既往已蒙赦免不再記念，而且是永久被塗抹了。同樣地，上帝也向罪人說：「我塗抹了你的過犯，像厚雲消散；我塗抹了你的罪惡，如薄雲滅沒。」註3「我要赦免他們的罪孽，不再記念他們的罪惡。」

這裡對於上帝願意接納罪人的誠意，提供了何等的保證啊！你是否已偏行己路了呢？你是否遠離了上帝呢？你是否也曾企圖貪吃罪惡的果子，而發現這些果子在你嘴邊都化為灰燼？如今你的財富都已耗盡，終身的計畫受了挫折，你所懷的希望已成泡影，你還孤獨淒涼地坐著不動嗎？

起來，到你父那裡去。祂就要在「相離還遠」的時候來迎接你。只要你以悔改的心向祂走前一步，祂就要急忙以無窮慈愛的膀臂來懷抱你。祂垂聽痛悔心靈的呼籲。人心尋求上帝的意願是祂所能覺察的。人的每一句祈禱，不論是多麼訥訥不明；每一滴眼淚，不論是多麼隱祕；人所懷存渴想上帝的每一個心願，不論是多麼微弱；必然有上帝的聖靈前來回應。就是在祈禱還沒有出口或心中的渴望還沒有表明之前，基督的恩典已經出來回應。

當浪子回到家裡的時候，「大兒子正在田裡。他回來，離家不遠，聽見作樂跳舞的聲音，便叫過一個僕人來，問是什麼事。僕人說：『你兄弟來了，你父親因為得他無災無病的回來，把肥牛犢宰了。』大兒子卻生氣，不肯進去。」[註4]大兒子向來沒有分擔父親對出走的兄弟的焦慮和守候，故此他也不能共享父親因浪子回頭而有的喜樂。那歡喜的聲音在他心中不能引起共鳴，他向僕人打聽歡宴的原因，而所得到的答覆卻引起了他的嫉妒。他不肯進去歡迎他那失而復得的兄弟。他認為對那浪子所顯的恩寵，乃是不合理的。

雖然如此，父親還是和藹地對待大兒子，他說：「兒啊！你常和我同在，我一切所有的，都是你的。」當你兄弟在外漂流的這許多年日中，你豈不是與我同享所有的權利麼？

凡能給兒女帶來福祉的事物本來都是他們的，作兒子的不需要

提出恩賜或獎賞的問題。「我一切所有的，都是你的。」你只要相信我的愛，並領受那白白的恩賜就行了。

大兒子代表基督時代那些不肯悔改的猶太人，以及輕看稅吏和罪人的法利賽人。他們因為自己沒有在罪惡中縱情恣慾，便自以為義。他們和比喻中的大兒子一樣，曾經享受上帝所賜的特權。他們自稱是上帝家裡的兒子，所表現的卻是雇工的態度。他們作工不是出乎愛，乃是為了要獲得賞賜。在他們看來，上帝是一個苛刻的工頭。他們看見基督邀請稅吏和罪人來白白領受祂的恩典——這恩典就是拉比們希望藉功勞和苦修得來的，他們便大為不悅。浪子回頭使父親的心充滿了喜樂，反倒激起了他們的嫉妒。

自以為義的心理不但令人誤表上帝，更使人用冷酷和吹毛求疵的態度來對待弟兄。今日有許多人所行的也和他一樣。當一個人正在與洪流一般的試探作搏鬥之時，他們卻站在一邊埋怨並指責那人。這些控告弟兄的人由於自己對弟兄的態度，就使上帝的聖顏不能光照他們。

「耶和華已指示你何為善。他向你所要的是什麼呢？只要你行公義，好憐憫，存謙卑的心，與你的上帝同行。」註5

你若能看出自己乃是天父本著愛所救贖的罪人，你就要為其他在罪中受苦的人表示溫慈的憐愛了。

你自稱為上帝的兒女，如果這種身分是真實的，就應該承認那「死而復活，失而又得的」乃是「你的兄弟」。他和你有最親密的關係，因為上帝認他為兒子。

【註1】路15：4　　　【註2】賽53：5　　　【註3】路15：8
【註4】路15：9－10　　【註5】彌6：8

17 「今年且留著」

根據：路13：1－9

　　基督在祂的教訓中總以恩慈的邀請和審判的警告相提並論。祂說：「人子來不是要滅人的性命，是要救人的性命。」[註1]「因為上帝差他的兒子降世，不是要定世人的罪，乃是要叫世人因他得救。」祂恩典的使命與上帝的公正及審判之間的關係，在無花果樹的比喻中顯明了。

　　祂說：「一個人有一棵無花果樹栽在葡萄園裡。他來到樹前找果子，卻找不著。就對管園的說：『看哪，我這三年來到這無花果樹前找果子，竟找不著。把它砍了吧，何必白佔地土呢！』」

　　上帝已用美妙的話，說明了祂對祂子民的旨意，和在前面可能有的光榮：「使他們稱為『公義樹』，是耶和華所栽的，叫他得榮耀。」因此上帝將以色列如同一棵上好的葡萄樹，栽在生命泉源的旁邊。祂將祂的葡萄園設「在肥美的山岡上」。祂「刨挖園子，撿去石頭，栽種上等的葡萄樹。」

　　但是祂「指望結好葡萄，反倒結了野葡萄。」[註2]基督時代的人比古代的猶太人更具有敬虔的外貌，也比前人更缺乏上帝聖靈的美德。那使約瑟的人生成為極其美麗的高貴品格，在猶太國中

一點也看不到。

上帝的兒子到園子來找果子，卻找不著。以色列乃是白佔地土的。它的存在不但不是福氣，反倒成了咒詛，因為它在葡萄園中，佔據了能結果子的樹所應有的地位。它剝奪了上帝降在地上的福惠。以色列人在列國中誤表了上帝。他們非但無用，反而成了一種絕對的障礙。他們的宗教信仰叫人走上極大的錯路，非但不能救人，反而使人滅亡。

管園的也和園主一樣，關心那棵不結果子的樹。他唯願能見它生長並多結果子，心中的喜樂就無以復加了。於是他答覆園主說：「今年且留著，等我在周圍掘開土，加上糞，以後若結果子便罷。」

耶穌在比喻中並沒有說出管園的工作的結果。祂的故事到此中止了，其結果乃在乎那聽到祂話的世代。嚴重的警告已經發出了：「不然再把它砍了。」這一句不能追回的判決是否要套用在他們身上，完全在乎他們自己。

這個警告從古時一直傳到今日。你是不是主葡萄園中不結果子的樹呢？你領受上帝的恩賜多久了？祂期待你愛心的回應又有多久？你被栽種在祂的葡萄園中，受到管園者細心的照顧，這是何等的權利啊！福音溫柔的信息是否時常振奮你的心靈？

凡上天所能賜的一切都已經賜下來了。基督說：「我為我葡萄園所做之外，還有什麼可做的呢？」照樣，祂對你的照顧和勞碌非但沒有減少，反而增多了。如今祂還在說：「我耶和華是看守葡萄園的，我必時刻澆灌，晝夜看守，免得有人損害。」

今天祂向你提出邀請說：「以色列啊，你要歸向耶和華——

你的上帝。……我必醫治他們背道的病，甘心愛他們。」^{註3}

【註1】路9：56　　　【註2】賽5：2　　　【註3】何14：1－8

18 「去到路上和籬笆那」

根據：路14：1、12－24

　　猶太人每逢國家和宗教的歡樂節期，總要舉行宴會。在他們看來，這種筵席乃是永生福樂的預表。他們喜歡反覆講述將來要與亞伯拉罕、以撒、雅各一同坐席，而外邦人卻只能站在外邊，以羨慕的心情觀望。現在基督用大筵席的比喻，來說明祂所要提出的警告和訓誨。

　　法利賽人在請客時，總是先考慮自己的利益。基督對他們說：「你擺設午飯或晚飯，不要請你的朋友、弟兄、親屬、和富足的鄰舍，恐怕他們也請你，你就得了報答。你擺設筵席，倒要請那貧窮的、殘廢的、瘸腿的、瞎眼的，你就有福了！因為他們沒有什麼可報答你。到義人復活的時候，你要得著報答。」

　　這些宴會要給以色列人一種實際的教訓。百姓要學習誠心款待客人的愉快經驗，也要常年照顧孤苦和貧窮的人。同時，這些筵席還有更廣泛的教訓，就是以色列人所承受的屬靈福惠，並不是單為他們自己享受的，上帝已將生命的糧賜給他們，使他們可以分贈給世人。

　　基督向眾人說明他們權利的性質和價值。祂也說明如果他們要享受將來的福樂，就必須盡當前的義務。

祂説：「有一人擺設大筵席，請了許多客。到了坐席的時候，打發僕人去對所請的人説：『請來吧！樣樣都齊備了。』」可是客人卻表現種奇特的冷淡。「眾人一口同音地推辭。頭一個説：『我買了一塊地，必須去看看。請你准我辭了。』又有一個説：『我買了五對牛，要去試一試。請你准我辭了。』又有一個説：『我才娶了妻，所以不能去。』」[註1]

　　這些藉口沒有一個是真正不得已的原因。那説『必須去看看』那塊地的人，已經把地買好了。那五對牛也是買好了的。第三位的藉口更不成理由了，他才娶了妻，這並不足以阻止他來赴席。若是他的妻子同來，也一定會受歡迎的。那「不能去」的意思，實際上就是「我不想去。」

　　基督用大筵席代表福音的福惠，所提供的其實是基督自己。祂乃是天上降下來的糧食。上帝的愛已預備了那豐盛的筵席，並提供了用不盡的豐富資源。基督説：「人若吃這糧，就必永遠活著。」

　　現今也是這樣。用各種藉口來拒絕福音的人們説，他們不能因注重福音的要求，而致妨害他們屬世的前途。他們看自己今生的利益，重於那永存的事物。

　　那説：「我才娶了妻，所以不能去」的，乃是代表許多的人。他們讓自己的妻子或丈夫攔阻他們聽從上帝的呼召。

　　這些人都拒絕了救主的呼召，因為他們惟恐家庭分裂。他們認為不順從上帝，就能保證家庭間的和睦與幸福。

　　在比喻中，筵席的主人聽到眾人如此拒絕他的邀請，「就動怒，對僕人説：快出去到城裡大街小巷，領那貧窮的、殘廢的、

瞎眼的、瘸腿的來。」

那為世人所擯斥、唾棄的人物，不論是如何的低賤，也不至於低下到上帝的愛所不能施惠的地步。基督願意疲倦、困苦、受壓迫的人都來就近祂。祂渴望將那在別處找不到的亮光、喜樂與平安賜給他們。即使最邪惡的罪人，也是祂深摯憐愛的對象。祂差遣聖靈用溫柔感化他們，竭力吸引他們歸向自己。

那將窮人和瞎子帶來的僕人向主人報告說：「『你所吩咐的已經辦了，還有空座。』主人對僕人說：『你出去到路上和籬笆那裡，勉強人進來，坐滿我的屋子。』」基督在此指明了福音在猶太教範圍以外、在世界的大街小巷之中的工作。

約翰在啟示錄中預言在基督復臨前傳福音的情形。他看見「天使飛在空中，有永遠的福音要傳給住在地上的人，就是各國、各族、各方、各民。他大聲說：『應當敬畏上帝，將榮耀歸給他。因他施行審判的時候已經到了。』」註2

聖經說明在末後的日子，人要耽溺於屬世的事業、享樂和積財之中。他們對永恆是盲目的。

現今也是如此。世人汲汲於追求財利並放縱私慾，好像是沒有上帝、沒有天國、也沒有來世一樣。

在這出去「到路上和籬笆那裡」的吩咐中，指明每一蒙召服務之人的工作。為基督服務之人的園地就是全世界。他們的聽眾包括全人類。主希望祂恩惠的道能進入每一個人的心中。這種工作的成功，大部分要靠個人傳道。

祂說：「凡勞苦擔重擔的人，可以到我這裡來，我就使你們得安息。我心裡柔和謙卑，你們當負我的軛，學我的樣式，這

樣，你們心裡就必得享安息。因為我的軛是容易的，我的擔子是輕省的。」註3

我們不要因為人專心於世俗的事務而忽略他們。許多在社會上擁有崇高地位的人，心中卻非常苦悶與空虛。他們切望自己所沒有的平安。在社會最高的階層中，總有飢渴尋求救恩的人，也有不少是願意接受幫助的，只要主的工人肯親自用和藹的態度及基督的愛去接近他們。

千萬的人都可以用最簡單平易的方法去接近。連那最有學問最有才能的男女，也會因一位愛上帝之人所說的幾句簡單話語而感到振奮，因為他是很自然地說出那種愛來，正如一般人講論他最關心的事物一樣。

然而事先經過研究和準備好的話反而起不了多大作用。但上帝的兒女以天真純樸的態度所說的一句誠實話，卻有力量打開那多年向基督和祂的愛關閉了的心門。

不過我們也不可單注意有地位和才能的人，而忽略那些較為貧賤的人。基督吩咐祂的使者也要到「路上和籬笆」那裡，就是世上貧苦卑微的人那裡去。在大都市的小巷和里弄中，以及鄉間偏僻的小路上，也有一些家庭和個人與教會尚無關係，以致在孤寂的生活中以為上帝把他們忘記了。他們不明白應當怎樣行才可以得救。其中有很多沉溺在罪中，也有不少人受著磨難。他們被病苦、缺乏、不信和沮喪所壓迫。他們在肉體和靈性方面受著惡疾的苦害。他們因遭受苦難而渴望得著慰藉。而撒但卻引誘他們到那招致毀滅的宴樂中去尋求安慰。

上帝已經吩咐我們顧念作客旅的、流亡的、和道德力薄弱的

可憐人。許多外表上看來對宗教問題漠不關心的人，他們內心卻渴望安息與平安。他們即或已沉溺在罪海的深處，仍有可能拯救他們。

比喻中那「勉強人進來」的吩咐，往往被人曲解了。有人認為這是教訓我們去強迫人接受福音。其實這句話只是說明邀請的迫切性，以及勸導的有效性。福音從來不用強迫的手段使人歸向基督。它的信息乃是：「你們一切乾渴的都當就近水來。」「聖靈和新婦都說『來！』……願意的都可以白白取生命的水喝。」註4上帝之愛和恩典的能力激勵我們前來。

但是「你們總要謹慎，不可棄絕那向你們說話的。」註5耶穌說：「先前所請的人，沒有一個得嘗我的筵席。」他們既已拒絕了祂的邀請，就沒有一個再被邀請了。

我們所處的正是上帝向人類發出恩典信息與邀請的時代。基督將邀請發給每一個人。他的使者正在說：「請來吧！樣樣都齊備了。」天使正等候著要將捷報帶到天庭。眾天軍也正等候著要彈奏他們的金琴，要為又有人接受福音筵席的邀請而唱出快樂的詩歌。

【註1】路14：17－2　【註2】啟14：6－7　【註3】太11：28－30
【註4】啟22：17　【註5】來12：25

19 恕人之量

根據太18：21－35

　　彼得向基督面提出一個問題：「主啊，我弟兄得罪我，我當饒恕他幾次呢？到七次可以嗎？」猶太的教師們將饒恕人的次數限於三次。彼得照他對基督教訓的認識，想把限度放寬到十次，這個數目是表明完全的意思。但基督教訓我們饒恕人不可限量。祂說：「不是到七次，乃是到七十個七次。」

　　於是祂說明了饒恕應當以什麼為根據，以及懷著不饒恕人的態度具有怎樣的危險。在比喻中，祂論到一個王如何對待那位掌管國政的臣僕。當王和他僕人算帳時，有一個人被帶到王面前，他虧空他主人達一千萬銀子之多。他既無法償還，王便根據當時的習尚，下令將他和他所有的都變賣了，來清償這筆債。那驚惶失措的臣僕俯伏在他腳前，懇求他說：「主啊，寬容我，將來我都要還清。」那主人動了慈心，釋放了他，並且免了他的債。

　　「那僕人出來，遇見他的一個同伴，欠他十兩銀子，便揪著他，掐住他的喉嚨，說：『你把所欠的還我！』他的同伴，就俯伏央求他，說：『寬容我吧！將來我必還清。』他不肯，竟去把他下在監裡，等他還了所欠的債。眾同伴看見他所作的事就甚憂愁，去把這事都告訴了主人。於是主人叫了他來，對他說：『你

這惡奴才！你央求我，我就把你所欠的都免了，你不應當憐恤你的同伴，像我憐恤你嗎？』主人就大怒，把他交給掌刑的，等他還清了所欠的債。」

王的寬恕，代表上帝對一切罪惡的赦免。那動慈心免了僕人之債的王也是代表基督。人因違犯了律法已被定罪。人類無法自救，因此基督到世間來，以人性掩蓋了祂的神性，並且捨了祂的生命，以祂的義的代替了人的不義。祂為我們的罪獻上了自己，並將祂的寶血所換來的赦免，白白地賜給眾人。「因他有慈愛，有豐盛的救恩。」

這就是當向我們的同胞施予慈憐的緣由。「上帝既是這樣愛我們，我們也當彼此相愛。」註1基督說：「你們白白地得來，也要白白地捨去。」

在比喻中，欠債的人請求延期，並應許說：「寬容我，將來我都要還清。」王就收回成命，並豁免了他一切的債。隨後他很快就有機會效法那饒恕他的主的榜樣。他出去之後，就遇見了一個同作僕人的，這人欠他一筆很小的數目。他本身被免的債是一千萬兩銀子，這個債戶只欠他十兩銀子。可是這個大蒙憐恤的人卻以一種完全不同的態度來對待他的同伴。

今日表現這種精神的人真不少！他們不因罪而傷痛自卑，對待別人嚴酷而毫無寬恕之心。雖然他們得罪上帝，比起弟兄得罪他們的地方，猶如一千萬兩銀子之與十兩——就是一百萬與一之比，但他們竟然不饒恕別人的過錯。

比喻中的主人把不憐恤人的債戶叫來，「對他說：『你這惡奴才，你央求我，我就把你所欠的都免了，你不應當憐恤你的同

伴，像我憐恤你嗎？」主人就大怒，把他交給掌刑的，等他還清了所欠的債。」

可是比喻的教訓不應誤用。上帝對我們的赦免並不減少我們順從祂的義務。照樣，我們對同胞寬恕的精神並不減少合法債務的關係。基督教訓門徒的禱告文中說：「免我們的債，如同我們免了人的債。」註2這並不是說為了求自己的罪得蒙赦免，我們就不可向那欠我們債的人討債。如果他們真的不能償還，即使是因為他們不善於理財，也不可將他們下在監裡，壓迫、甚或苦待他們。但這比喻並不鼓勵人貪懶。聖經說：「若有人不肯作工，就不可吃飯。」註3主並不希望勞碌工作的人去養活閒遊懶做的人。

犯錯的人會一再犯錯，事後又承認錯誤，以至受害的人感覺厭煩，而認為饒恕的次數已經夠多了。但救主明白地告訴我們應該如何對待犯錯誤的人：「若是你的弟兄得罪你，就勸戒他，他若懊悔，就饒恕他。」註4

如果你的弟兄犯了錯，就要饒恕他們。當他們向你認錯的時候，你不可以說他們還不夠謙虛。經上記著：「他若懊悔，就饒恕他。倘若他一天七次得罪你，又七次回轉，說：『我懊悔了』，你總要饒恕他。」而且不止七次，乃是七十個七次，正如上帝常常饒恕你一樣。

我們一切所有的都來自上帝白白的恩典。在救主裡面的恩典成就了我們的救贖、我們的重生以及使我們與基督同作後嗣。因此也當向別人展現這一恩典。

「你們不饒恕人的過犯，你們的天父也必不饒恕你們的過犯。」註5凡與基督之恩典有分的人，必能表現基督所顯示的柔和

與憐憫。

這比喻的主要教訓，就是上帝的慈愛和人之殘酷之對照，以及祂赦罪的憐愛應作我們饒恕人的量度。「你不應當憐恤你的同伴，像我憐恤你嗎？」

我們得蒙饒恕並非因為我們饒恕了人，一切的赦免固然是基於我們所不配得的上帝的愛，然而我們對待人的態度卻顯明我們是否已擁有那愛。因此基督說：「你們怎樣論斷人，也必怎樣被論斷。你們用什麼量器量給人，也必用什麼量器量給你們。」註6

【註1】約壹4：11 　　【註2】太6：12 　　【註3】帖後3：10
【註4】路17：3 　　【註5】太6：15 　　【註6】太7：2

20 無知的財主

根據：路12：13－21

　　有一次基督正在教訓人，像往常一樣，除了門徒以外，也有別的人聚集在祂的周圍。

　　有許多人看出了基督清楚闡明真理的奇妙能力。他們也聽到祂應許賜智慧給跟從祂的人，使他們能在首領和官長面前講話。如此說來，祂豈不能藉祂的能力，使他們得屬世的利益嗎？

　　「眾人中有一個人對耶穌說：『夫子！請你吩咐我的兄長和我分開家業。』」這人認為他的兄長騙取了他應得的家業。他自己交涉之後，仍未得到他視為當得的一份，但如果基督能出面干涉，就必能達到目的。

　　當基督嚴肅的教訓人的時候，這個人顯出自私的動機。他只賞識主有能力可以幫助他實現屬世的盤算，但那屬靈的真理並沒有打動他的心意。他所專注的問題就是如何爭得遺產。那本來富足、卻為我們成了貧窮的榮耀之王耶穌，正在向他敞開上帝之愛的寶庫，聖靈還在招請他來承受那「不朽」的基業，但他竟把上帝的恩賜看為獲利的門路。

　　可是耶穌不願轉離祂的使命。祂的回答是：「你這個人！誰立我作你們斷事的官，給你們分家業呢？」

　　耶穌儘可告訴這個人合理的解決辦法，他明瞭這案件的是非。兄弟二人彼此爭執，乃因雙方都有貪心。基督的答覆就等於向他們說，調停這一類的紛爭不是我的工作。祂來是為另一個目的──傳福音，藉此喚醒人對永恆的了解。

　　在基督處理這一事件的方法中，對一切奉祂名傳道的人有一個教訓。當祂差派十二使徒出去的時候，告訴他們，他們出去不是要排解民間屬世的問題，他們的工作乃是要勸人與上帝和好。他們有能力藉此事工造福人類。

　　我們的主指出那使人感到煩惱的事件和一切糾紛的根源，說：「你們要謹慎自守，免去一切的貪心，因為人的生命，不在乎家道豐富。」註1

　　「就用比喻對他們說：有一個財主田產豐盛。自己心裡思想說：『我的出產沒有地方收藏，怎麼辦呢？』又說：『我要這麼辦：要把我的倉房拆了，另蓋更大的，在那裡好收藏我一切的糧食和財物。然後要對我的靈魂說：靈魂哪，你有許多財物積存，可作多年的費用，只管安安逸逸的吃喝快樂吧！』上帝卻對他說：『無知的人哪，今夜必要你的靈魂。你所預備的要歸誰呢？』凡為自己積財，在上帝面前卻不富足的，也是這樣。」註2

　　基督用這無知財主的比喻，說明那些專以世俗為務之人的愚昧。這個人所有的一切都是從上帝領受的。主使五穀繁茂，使田地出產豐盛。這位財主竟不知道怎樣支配他的收穫。他的倉庫已經裝滿有餘，甚至無處收藏多餘的莊稼。

　　窮人、孤兒、寡婦、和有病受苦之人的情形雖然已引起這個財主的注意，他有許多地方可以施捨財物，使許多家庭的需要

得到解決，使許多飢餓者得食、許多的寒冷者得衣、許多人的心得到快樂，但是他對那些呼求救援的聲音卻充耳不聞，並自言自語說：「我要這麼辦：要把我的倉房拆了，另蓋更大的，在那裡好收藏我一切的糧食和財物。然後要對我的靈魂說：靈魂哪，你有許多財物積存，可作多年的費用，只管安安逸逸地吃喝快樂吧！」

這個人只為自己生活，為自己打算。他為將來已經作了週到的準備，現在他只需保管並享用他勞碌的成果就行了，而且世人會尊他為一個成功的人。

可是「這世界的智慧，在上帝看是愚拙。」註3當這個財主正在企望安享天年的時候，主卻有話傳給這不忠心的管家說：「無知的人哪，今夜必要你的靈魂。」這件事不是金錢可以擺平的。他所累積的財富並不能使他倖免一死。在頃刻之間，他一生勞碌所得來的，便對他完全失去了價值。「你所預備的要歸誰呢？」

「凡為自己積財，在上帝面前卻不富足的，也是這樣。」這一幅景象世世代代都是真實的。你儘可為自己的利益打算，儘可聚斂財寶，儘可和古代巴比倫人一樣建造空中樓閣，但你卻無法建造高牆或鐵門將噩運的使者關在外面。

專為自己而活就是自取滅亡。貪心，就是專求一己之利的慾望，必要使人與生命之源隔絕。撒但鼓勵人為自己去賺取。基督則鼓勵人為了別人的好處去犧牲自己。

因此主說：「你們要謹慎自守，免去一切的貪心，因為人的生命，不在乎家道豐富。」

【註1】路12：15　　【註2】路12：20－21　　【註3】林前3：19

21 「有深淵限定」

根據：路16：19-31

　　基督在財主和拉撒路的比喻中，顯示出人要在今生決定自己永遠的命運。這個比喻將不信靠上帝的富人和信靠上帝的窮人作個對照。

　　基督說：「有一個財主，穿著紫色袍和細麻布衣服，天天奢華宴樂。又有一個討飯的，名叫拉撒路，渾身生瘡，被人放在財主門口，要得財主桌子上掉下來的零碎充飢。」

　　上帝委派那財主作祂財物的管家，他就有責任要顧念到像這討飯的人。上帝曾吩咐說：「你要盡心、盡性、盡力愛耶和華你的上帝。」註1並「要愛人如己。」註2那財主是個猶太人，因此熟悉上帝的命令。但他忘記自己要為主所委託他的財物和能力負責任。

　　到了一天，這兩個人的景況起了變化。那窮人一天一天地受苦，但他始終是耐心默默地忍受。時限一到，他死了，也埋葬了。雖然沒有人為他哀哭，但他在苦難中的忍耐卻為基督作了見證。

　　「財主也死了，並且埋葬了。他在陰間受痛苦，舉目遠遠地望見亞伯拉罕，又望見拉撒路在他懷裡，就喊著說：『我祖亞伯

拉罕哪，可憐我吧！打發拉撒路來，用指頭尖蘸點水，涼涼我的舌頭。因為我在這火焰裡，極其痛苦。』」

在這個比喻中，基督用當時一般人的說法來教訓他們。當時的群眾中，有許多人相信人死之後是有知覺的。救主明瞭他們的看法，所以便以這種先入之見作材料，藉以闡明重要的真理。

基督希望聽眾明白：人死了之後，就再也沒有得救的機會。在比喻中，亞伯拉罕回答財主說：「兒啊，你該回想你生前享過福，拉撒路也受過苦。如今他在這裡得安慰，你倒受痛苦。不但這樣，並且在你我之間，有深淵限定，以致人要從這邊過到你們那邊是不能的，要從那邊過到我們這邊也是不能的。」基督用這話來說明：人希望有第二次的寬容時期，是不可能的。今生乃是為來世作準備的唯一時機。

財主畢生專求自己喜悅的事，最後發現自己並沒有為永恆作準備，可惜那時已經太晚了。他看出了自己的愚妄，於是想起他的弟兄，他們也像他一樣在那裡為求自己快樂而生活。於是他請求說：「我祖啊！既是這樣，求你打發拉撒路到我父家去。因為我還有五個弟兄，他可以對他們作見證，免得他們也來到這痛苦的地方。」亞伯拉罕說：「他們有摩西和先知的話可以聽從。」他說：「我祖亞伯拉罕哪，不是的，若有一個從死裡復活的、到他們那裡去的，他們必要悔改。」亞伯拉罕說：「若不聽從摩西和先知的話，就是有一個從死裡復活的，他們也是不聽勸。」註3

亞伯拉罕和那財主的談話乃是象徵性的。我們應得的教訓乃是：各人對於自己所當盡的義務，已經得到了充分的亮光。人的責任是與他的機會和權利是相稱的。

　　財主和拉撒路的比喻已對這二人代表的兩個階級有了評價。富足並不是罪，只要這些財富不是用不公正的手段得來的。財主並非因有錢而被定為有罪，但他是用所託付給他的錢財去放縱私慾，那就有罪了。他最好藉著用錢去行善，將自己的錢財存在上帝的寶座旁。那為自己積攢錢財的人，卻不能攜帶錢財到天上去。他是不忠心的管家。他曾經終生享用美物，卻忘記了對上帝的責任。因此他得不到天國的財寶。

　　金錢無法帶到來生，事實上在那裡也用不著。但那為救人歸向基督而作的善行，卻要上呈天庭。

　　凡是在今世的財物上富足、在上帝面前卻不富足的人也當思量。難道你們不肯對這情景加以反省麼？世人所重視的，在上帝看來卻是可憎的。基督問道：「人就是賺得全世界，賠上自己的生命，有什麼益處呢？人還能拿什麼換生命呢？」註4

末後的日子

　　世界歷史最後幾幕的演變，都在財主最後的經歷中描寫出來了。財主自稱是亞伯拉罕的子孫，可是在他和亞伯拉罕之間卻有一道不能逾越的深淵——就是他那不正當的品格。亞伯拉罕事奉上帝，憑著信心與順從遵行祂的話。但財主卻罔顧上帝的吩咐和一般受苦之人的需要。那將他和亞伯拉罕隔開的深淵，乃是不順服的深淵。

　　現今在世上也有很多自以為義的人。他們並不是貪食醉酒，也不是不信上帝，他們只是為自己而不願為上帝生活。

　　「效學基督」的意義，乃是要領受祂的恩典，也就是祂的品

格。那些不能賞識並善用上帝在今世所賜給他們機會和感化力的人，沒有資格參與天上的崇拜。他們的品格不是按照神聖的形象而陶冶的。由於他們自己的疏忽，他們已經造了一道無法跨越的鴻溝，在他們和義人之間有「深淵限定」。

【註1】申6：5　　　【註2】利19：18　　　【註3】路16：31

【註4】可8：36－37

22 非言乃行

根據：太21：23－32

「一個人有兩個兒子。他來對大兒子說：『我兒，你今天到葡萄園裡去做工。』他回答說：『我不去。』以後自己懊悔就去了。又來對小兒子也是這樣說，他回答說：『父啊，我去。』他卻不去。你們想：這兩個兒子是哪一個遵行父命呢？他們說：『大兒子。』」註1

基督在山邊寶訓中曾說：「凡稱呼我『主啊，主啊』的人不能都進天國，惟獨遵行我天父旨意的人才能進去。」註2真誠的考驗不在於言語，乃在於行為。言語若不與行為配合，便毫無價值。這就是兩個兒子的比喻所給予我們的教訓。

這個比喻是基督在祂受難前最後一次去耶路撒冷時所講的。祂已經從聖殿中逐出作買賣的人。祂的話具有上帝的權能，打動了他們的心。當時他們並沒有申辯抗拒，只驚駭恐懼地服從了祂的命令。

驚懼平靜之後，祭司和長老們回到聖殿來，看見基督正在醫治患病和垂死的人。他們聽見了歡呼和讚美的歌聲。然而對於祭司和長老，這一切都不足以消除他們的成見和嫉妒。

次日，當耶穌在聖殿中教訓人的時候，祭司和民間的長老來

問祂說：「你仗著什麼權柄做這些事？給你這權柄的是誰呢？」

耶穌知道他們既不能在祂身上看出上帝，又不能在祂的工作上看出祂的神性，他們也不會相信祂對自己是基督所作的見證。所以他回答時規避了他們所希望引起的爭論，而將這種譴責轉到他們自己的身上。

祂說：「我也要問你們一句話，你們若告訴我，我就告訴你們我仗著什麼權柄作這些事。約翰的洗禮是從哪裡來的？是從天上來的？是從人間來的呢？」

祭司和官長們都感到進退兩難，他們彼此商議說：「我們若說從天上來，他必對我們說，這樣，你們為什麼不信他呢？若說從人間來，我們又怕百姓，因為他們都以約翰為先知。」於是回答耶穌說：「我們不知道。」耶穌說：「我也不告訴你們我仗著什麼權柄做這些事。」

「我們不知道」這個回答是虛謊的。施洗約翰曾為他們現在所盤問的這一位作見證。他曾指著祂說：「看哪，上帝的羔羊，除去世人罪孽的！」他也曾給祂施洗，而且在施洗之後，當基督禱告的時候，天就開了，有上帝的靈彷彿鴿子降在祂身上，從天上有聲音說：「這是我的愛子，我所喜悅的。」

如果他們承認約翰是先知，那麼他們又怎能否定他所說拿撒勒人耶穌是上帝兒子的見證呢？同時，他們也不能說約翰的洗禮是從人間來的，因為民眾都相信約翰是先知。因此只得說：「我們不知道。」

於是基督就講出父親和兩個兒子的比喻。當父親來對大兒子說：「你今天到葡萄園裡去作工，」大兒子立即回答說：「我不

去。」他先是拒絕服從，但後來他悔改了，聽命而去。

父親同樣地吩咐小兒子說：「你今天到葡萄園裡去作工。」這個兒子回答說：「父啊，我去，」但他卻沒有去。

在這個比喻中，父親代表上帝，葡萄園代表教會。兩個兒子是代表兩等人。那拒絕服從命令而說「我不去」的兒子，代表公開犯罪的人；但在這些人中，有許多後來悔改，而且順從了上帝的呼召。

那說：「父啊，我去」卻沒有去的兒子，表現出法利賽人的品格。猶太的領袖們正如這個兒子一樣，是頑梗自滿的。

在基督面前的人群中有文士、法利賽人、祭司和官長。基督講完兩個兒子的比喻之後，向祂的聽眾發問說：「你們想：這兩個兒子，是哪個遵行父命呢？」法利賽人一時忘卻了他們自己，便回答說：「大兒子。」他們說出這話，卻沒有看出這就等於宣布自己的罪狀。隨後基督發出譴責說：「我實在告訴你們，稅吏和娼妓倒比你們先進上帝的國。因為約翰遵著義路到你們這裡來，你們卻不信他，稅吏和娼妓倒信他。你們看見了，後來還是不懊悔去信他。」

基督指明那攔阻他們進入上帝之國的障礙，乃是他們自己造成的。天國的門仍然為猶太領袖們敞開著，仍然向他們發出邀請，基督渴望看見他們認罪悔改。

倘若猶太領袖們所表白的信仰是真實的，他們就必會接受約翰的見證，承認耶穌為彌賽亞。但是他們並沒有結出悔改和公義的果子來，他們所歧視的人倒比他們先進上帝的國。

比喻中那說「父啊，我去」的兒子，口頭上是忠實順從的，

但事實證明他的話並不是真的。上帝曾呼召他們在造福人群的事上與祂同工，他們在口頭上雖然接受了呼召，但在行為上卻不順從。他們在宗教儀式上消磨他們的一生，他們外表虔誠，卻未實踐真理。

自以為義並不是真正的義。今日有許多人自稱是順從上帝的誡命，但他們卻沒有從心裡流出上帝的愛來分給別人。基督呼召他們在拯救世人的工作上與祂聯合，但他們只說：「父啊，我去，」便滿足了。他們不去，也沒有與那些從事上帝工作的人合作。在口頭上，他們稱自己是上帝的子民，但在生活和品格上，他們卻否認了這種關係。

那曾一度拒絕順從父命的兒子，沒有受到基督的譴責，但也沒有得到祂的讚許。凡像大兒子那樣拒絕順命的人，決不會因這種立場而獲得稱許，他們的坦率不能算為一種美德。聽到聖靈的要求時，我們唯一的安全乃在於毫不遲疑的回應。當「今天到葡萄園裡去作工」的呼召臨到我們時，萬不可拒絕。「你們今日若聽他的話，就不可硬著心。」[註3]遲延而不聽從乃是危險的，因為你以後可能再也聽不到這種邀請了。

倘若你忠心培植你心靈的園地，上帝便要使你成為祂的同工。這樣你不僅要有為自己而做的工，同時也要有為別人而當做的工。在以葡萄園象徵教會的這件事上，基督並沒有要我們將同情與服務侷限於自家人。主的葡萄園要擴大，祂願將它伸展到地球的每一角落。

今日世上只有兩等人，而且將來在審判中也只承認有兩等人：一等就是違背上帝律法的，一等是遵行的。基督給我們一

個試驗，藉以證實我們是忠誠的或是叛逆的。祂說：「你們若愛我，就必遵守我的命令。

【註1】太21：28－31　【註2】太7：21　　【註3】來4：7

23 葡萄園和園戶

根據：太21：33－44

猶太國

基督講了「兩個兒子」的比喻之後，接著就講了葡萄園的比喻。在前一個比喻中，基督向猶太人的教師說明了順從的重要性。在後一個比喻中，祂指出上帝賜給以色列人的豐富恩惠，藉此顯明上帝有要求他們順命的權利。

基督說：「有個家主栽了一個葡萄園，周圍圈上籬笆，裡面挖了一個壓酒池，蓋了一座樓，租給園戶，就往外國去了。」

先知以賽亞描述這葡萄園說：「我要為我所親愛的唱歌，是我所愛者的歌，論他葡萄園的事：我所親愛的有葡萄園在肥美的山崗上。他刨挖園子，撿去石頭，栽種上等的葡萄樹，在園中蓋了一座樓，又鑿出壓酒池。指望結好葡萄。」[註1]

栽種園子的人在原野選出一塊地，他圍上籬笆，撿去石頭，開墾好了，便將上好的葡萄樹種下去，希望能有豐收。先知說：「萬軍之耶和華的葡萄園，就是以色列家；他所喜愛的樹，就是猶大人。」上帝曾賜給這一族人極大的特權，並以豐盛的慈愛厚厚地賜福與他們。

猶太民族的特權乃是向世人表明上帝的品德，就是上帝以前

向摩西所顯示的。祂要他們以純正的品格、聖潔的生活,以及憐憫、仁愛和慈悲來彰顯「耶和華的律法全備,能甦醒人心。」註2

上帝的旨意,原是要藉著猶太國將豐盛的福惠分給萬民。祂要藉著以色列開闢道路,將祂的光散佈於全世界。

為要達到這個目的,上帝曾呼召亞伯拉罕離開他拜偶像的親族,並吩咐他定居在迦南地。上帝說:「我必叫你成為大國。我必賜福給你,叫你的名為大,你也要叫別人得福。」註3

亞伯拉罕的後裔,就是雅各和他的子孫,被帶到埃及地,為要使他們能在那強大而邪惡的國度中,高舉上帝國度的原則。

在領以色列人出埃及的事上,主又彰顯了祂的能力和慈愛。祂為拯救他們脫離奴役而施行的奇事,以及祂在他們曠野行程中對他們所做的安排,不單是為了他們的益處,更是要作周圍國家的教訓。祂為祂百姓所行的神蹟奇事,顯明祂的權能超乎自然。

在曠野漂流生活中領導以色列民的乃是基督。祂曾藏身在白日的雲柱和夜間的火柱中引領他們。祂保護他們脫離曠野的危險,引領他們進入應許之地,並且在那些不承認上帝的列國面前,立以色列為自己所特選的產業,就是主的葡萄園。

上帝將祂的聖言交付給這班子民。他們有祂的律例,就是真理、正義與純潔的永久原則,作為外圍的籬笆。他們的安全乃在於遵守這些法則,保守他們免因罪惡而自取滅亡。

上帝渴望祂的百姓以色列為列國所讚美與推崇。各種屬靈的權利都已加給他們。上帝要使他們作祂的代表,並沒有保留任何有利於造就他們品格的事。

上帝渴望萬民都歸於祂慈愛的統治之下,祂希望大地充滿喜

樂與和平。祂創造人類原是要他們快樂，祂期望將天上的平安充滿人心，祂要地上的家庭作為天上大家庭的表徵。

可惜以色列人卻沒有實現上帝的旨意。主說：「我栽你是上等的葡萄樹，全然是真種子。你怎麼向我變為外邦葡萄樹的壞枝子呢？」「耶路撒冷的居民和猶大人哪，請你們現今在我與我的葡萄園中，斷定是非。我為我葡萄園所做之外，還有什麼可做的呢？我指望結好葡萄，怎麼倒結了野葡萄呢？……他指望的是公平，誰知倒有暴虐；指望的是公義，誰知倒有冤聲。」

猶太人沒有聽從這個忠告。他們忘記了上帝，並且忽略他們作祂代表的無上特權，結果並沒有為世人造福。他們正像洪水時代的人一般，隨從自己邪惡的意念。同時他們也誤表了上帝的聖德，羞辱了祂的聖名，並玷污了祂的聖所。

主已經向祂的子民說明他就是葡萄園的園主，他們一切所有的，乃是祂所委託給他們，要為祂而用的。可是祭司和教師們在從事聖職時，並沒有顯示他們是在管理上帝的產業，反倒經常奪取上帝用來推進聖工的錢財和物資。他們的貪婪與利慾甚至使外邦人也輕看他們。

上帝以慈父般的心懷容忍了祂的子民。祂耐心地幫助他們看出自己的罪，並寬容等候他們認錯。先知和使者奉差遣去向園戶重申上帝的要求，可是他們非但沒有受到歡迎，反而被視為敵人。園戶一再迫害他們，將他們殺了。後來，上帝再差遣別的使者去，結果他們所遭受的待遇竟和先前的一樣。

上帝以差遣自己的兒子作為最後的策略，說：「他們必尊敬我的兒子。」可是他們滿懷毒恨，彼此商議說：「這是承受產業

的。來吧！我們殺他，佔他的產業！」這樣，他們就可以享有葡萄園，隨意取用所產的果子了。

猶太的官長們不愛上帝，因此與上帝隔絕，並拒絕了祂所提出的一切合理解決的方案。上帝的愛子基督來，要確定園主的主權，但是園戶們卻用輕蔑態度對待他。他們說：「我們不願意這個人來管理我們。」他們看出祂的教訓指出他們的私心，於是決意要殺死祂。當彼拉多讓他們在基督與巴拉巴之間作選擇時，他們卻喊叫說：「釋放巴拉巴給我們。」彼拉多問道：「這樣，那稱為基督的耶穌我怎麼辦他呢？」他們激烈地喊叫：「把他釘十字架！」彼拉多在眾人面前洗手，說：「流這義人的血，罪不在我，」祭司們和無知的群眾同聲喧嚷著說：「他的血歸到我們和我們的子孫身上。」

基督在葡萄園的比喻中，向祭司們描繪了他們罪大惡極的行為之後，便向他們發了這個問題：「園主來的時候，要怎樣處治這些園戶呢？」祭司們很感興趣地聆聽這個故事，一時並沒有想到這個題目與他們有什麼關係，便和眾人同聲回答說：「要下毒手除滅那些惡人，將葡萄園另租給那按著時候交果子的園戶。」

他們在無意之中已經宣判了自己的命運。於是耶穌看著他們，在祂那洞察人心的目光之下，他們看明比喻中的園戶就是他們自己的寫照，於是不由自主地驚嘆道：「這是萬不可的！」

猶太民族，就其整體來說，未能遵行上帝的旨意，故此，那葡萄園就從他們手裡被奪去了。他們所濫用的權利和所疏忽的聖工，也轉交給別人了。

今日的教會

葡萄園的比喻不單是應用在猶太國，其中也有給我們的教訓。上帝已將上好的權利和福分賦予現代的教會，因此祂也指望得著相當的回應。

基督渴望從祂的葡萄園中收取聖潔和不自私的果子。祂尋求仁愛和良善的原則。那些作基督代表之人所要表現的性情與品格的美，乃是一切藝術之美所不能比擬的。唯有那縈繞著信徒性靈的恩惠，以及聖靈在人心的運行，才能使他成為「活的香氣叫人活」，並蒙上帝賜福與他的工作。

主甚願我們述說他的良善、傳揚他的大能。世人都在敬拜假神，要使他們轉離虛假的崇拜，並不能只譴責他們的偶像，而是要給他們看到一些更好的事物。要使他們認識上帝的良善。「所以耶和華說：你們是我的見證，我也是上帝。」

這樣的一種見證也能在別人身上產生影響。在領人歸向基督的工作上，再沒有什麼較此更為有效的方法了。

為上帝服務也包括了個人的工作。我們都要藉著個人的努力，與祂一同合作去拯救世人。

在古時，亞伯拉罕、以撒、雅各和謙卑而明智的摩西、以及多才多藝的約書亞，都參與了上帝的聖工。米利暗的音樂、底波拉的勇敢和虔誠、路得的孝順、撒母耳的聽命與忠貞、以利亞的嚴肅和懇摯、以及以利沙柔和服人的感化力，這一切都是需要的。照樣，在今日凡蒙上帝恩寵的人，也當以實際的服務作為回應，要善用每一種恩賜來推進祂的國度，並增進祂聖名的榮耀。

上帝宣稱全世界為祂的葡萄園。如今雖然落在霸佔者的手

中，但仍是屬於上帝的。祂的所有權非但根據創造、也根據救贖。因為基督曾經為了這個世界作過犧牲。「上帝愛世人，甚至將他的獨生子賜給他們。」[註4]其他所有的恩賜也都是因這一恩賜而贈與世人的。

世人正處於危險之中，千萬的群眾行將淪亡，可是那自稱是基督門徒的人卻很少為這些人擔心。世界的命運已面臨千鈞一髮之際，然而這事猶不足以感動那些自稱相信真理的人。

在葡萄園的比喻中，基督宣告有罪的乃是園戶，就是那不肯將主人園地出產的果實歸還祂的人。在猶太國，是祭司和教師因誤導百姓而強奪了上帝所要求的服事，使人離棄基督。

今日豈不是也有相同的情況麼？在身為主葡萄園之園戶的人中，豈不是也有不少人正在步猶太領袖們的後塵嗎？

上帝的使者奉主的命而來，要我們順從上帝的話，正如基督所行的一樣。他們提出祂向人索取葡萄園果子——就是仁愛、謙卑和自我犧牲的要求。以色列人犯罪的結果已擺在我們眼前，試問：今日的教會是否願意接受警告呢？

【註1】賽5：1－2　　【註2】詩19：7　　【註3】創12：2
【註4】約3：16

24 沒有穿禮服

根據：太22：1－14

　　婚禮禮服的比喻向我們闡明一項極重要的教訓。婚禮象徵人性與神性的聯合，這禮服象徵參赴婚禮之人所必須具備的品格。

　　這個比喻正如大筵席的比喻一樣，乃是說明福音的邀請被猶太人拒絕，以及恩召被傳到外邦。可是它也進一步說明一個更大的侮辱和更可怕的刑罰。赴筵的邀請乃是發自一位君王，予人無上的光榮。然而這光榮未受重視，王的威權反而被藐視了。

　　那位家主見自己的邀請被人輕視，便宣佈他先前所邀請的人沒有一個可得嘗他的筵席。對於那些藐視王的人，他不但下旨不准他們觀見與赴宴，「王……發兵除滅那些凶手，燒燬他們的城。」

　　在兩個比喻中，都已為筵席找到了賓客，只不過後者說明凡來赴席的人必須事先有所準備。凡疏忽這項準備的人都要被丟在外邊。「王進來觀看賓客，見那裡有一個沒有穿禮服的，就對他說：『朋友，你到這裡，來怎麼不穿禮服呢？』那人無言可答。於是王對使喚的人說：『捆起他的手腳來，把他丟在外邊的黑暗裡。在那裡必要哀哭切齒了。』」

　　原來王為每位赴席的賓客各預備了一件禮服，這是王的恩

賜。賓客穿了這件禮服，就表示敬重主人。但是這個人卻仍穿著
普通的便服，他不肯遵照王所命定的從事準備，也不屑穿上那用
重價為他預備的禮服。因此，他侮辱了王。對於王所問的：「你
到這裡來，怎麼不穿禮服呢？」他無言可答。他已經定了自己的
罪。於是王說：「捆起他的手腳來，把他丟在外邊的黑暗裡。」

唯有穿上基督親自所預備的外衣，才能使我們有資格來到上
帝的面前。基督要將這外衣——他自己的義袍——披在每一個悔
改相信的人身上。祂說：「我勸你向我……買白衣穿上，叫你赤
身的羞恥不露出來。」註1

義就是合理的行為。人人都要根據自己的行為受審判。我們
的品格乃是在行為上表現出來的。行為能顯明信心的真偽。

我們僅僅相信耶穌是不欺騙人的，聖經不是捏造的虛言，這
還不夠。我們可能相信：除了耶穌以外，天下人間沒有賜下別的
名，人可以靠著得救。但我們很可能並未因信而接受祂為個人的
救主。僅僅相信真理的理論是不夠的。我們僅在口頭上承認相信
基督，並將名字記在教會的名冊上，也是不夠的。「我們若遵守
他的誡命，就曉得是認識他。」註2這才是悔改的真實憑據。不論
我們口頭上怎樣表白，如果不在公義的行為上表顯基督，一切都
等於零。上帝聖言的一點一畫必須實施在日常的生活行為之中。

「凡接待他的，就是信他名的人，他就賜給他們權柄，作
上帝的兒女。」註3這種權柄並不在於人類本身，這乃是上帝的
能力。人接受了基督的時候，他就接受了能力去度基督所度的生
活。

那不穿禮服來赴婚筵的人，象徵了現今世上許多人。他們自

命為基督徒，並自認有權享受福音帶來的恩惠和權利，可是他們卻不覺得有必要改造品格。他們從未經歷真正的悔罪，不感覺需要基督，也不用信心來依靠他。他們只是聽道的人，雖然前來赴席，卻沒有穿上基督的義袍。

上帝就是愛。祂已在賜下基督這件事上表現了祂的愛。當祂「甚至將他的獨生子賜給他們，叫一切信他的，不至滅亡，反得永生」的時候，並沒有向他們保留什麼。祂將全天庭都給了我們。

凡棄絕基督之義的人，事實上就是棄絕了那能使他們成為上帝兒子的品格。也就是他們棄絕了那能使他們有資格參加婚筵的禮服。

在比喻中，當王問道：「你到這裡來，怎麼不穿禮服呢？」那人無言可答。審判大日的情形也將如此。人們現今或許還可原諒自己品格上的缺點，可是到了那天，他們就無可推諉了。

那作最後決定的日子乃是嚴肅的。使徒約翰在異象中描寫道：「我又看見一個白色的大寶座，與坐在上面的。從他面前天地都逃避，再無可見之處了。我又看見死了的人，無論大小，都站在寶座前。案卷展開了，並且另有一卷展開，就是生命冊。死了的人都憑著這些案卷所記載的，照他們所行的受審判。」註4

我們的恩典時期很快就要結束了。末日近了。有警告向我們發出：「你們要謹慎，恐怕因貪食、醉酒，並今生的思慮，累住你們的心，那日子就如同網羅忽然臨到你們。」註5

【註1】啟3：18　　　【註2】約壹2：3　　　【註3】約1：12
【註4】啟20：11－12　【註5】路21：34

25 才幹的運用

根據：太25：13－30

　　基督在橄欖山上向門徒提到祂第二次降臨世界。祂列出在祂復臨將到的時候會有什麼預兆，並吩咐門徒要儆醒預備。祂指出要儆醒等候祂復臨，這究竟是什麼意思。這並不是無所事事地等候，而是要一方面殷勤工作，一方面等候祂。

　　祂說：「天國又好比一個人要往外國去，就叫了僕人來，把他的家業交給他們，按著各人的才幹，給他們銀子：一個給了五千，一個給了二千，一個給了一千。就往外國去了。」註1

　　這個往外國去的人代表基督，因為祂在講了這個比喻之後不久，就離開了這個世界，往天上去了。這比喻中的僕人代表一切跟從基督的人。

　　基督的門徒蒙贖乃是要為主服務。我們的主教訓我們：人生的真正目的就是服務。藉著為他人服務的生活，人就得以與基督聯合了。

聖靈的恩賜

　　基督所交託給教會的銀子，特為象徵聖靈所賜予的恩賜與福惠。並非人人都領受同樣的恩賜，但主的每個僕人都蒙應許，要

承受某些聖靈的恩賜。福音工作之所以毫無力量，乃是因為缺少聖靈。具備各樣才幹，若沒有上帝聖靈的同在，人心就不會受感動。

其他的才幹

比喻中的銀子，不僅代表聖靈的特別恩賜，它也包括一切先天、後天的，肉體、靈性的才能與稟賦，這一切都要為基督的服務而用。我們在作祂門徒的時候，當把我們自己以及我們一切所有的都奉獻給祂。這些才能經祂潔淨之後，將再歸還給我們，好用來尊榮祂，造福同胞。

上帝所賜給各人的，乃是「按著各人的才幹。」這些銀子並不是隨便分發的。那有才能用五千的，就得五千。那只能善用二千的，就得到二千。那僅能明智地用一千的，就得了一千。

銀子縱然少，也必須加以運用。問題不是我得了多少，而是我運用它們做些什麼？發展我們所有的才能是我們對上帝與同胞所應盡的首務。在我們承認信仰基督的時候，我們就保證自己要在各方面盡力作主的工人，培養各樣的才能，使之達到盡善盡美的地步，以便照我們所有的力量盡量行善。

許多人蒙上帝賦予恩賜，足能從事卓越的工作，但所成就的卻甚微小，因為他們嘗試的太少。

要記得：你絕不能達到比自己所定的標準更高的地步。因此務要力爭上游，提高你定的標準並逐步達成，縱使必須經過艱苦努力和克己犧牲，也要達到最高一級。

心智的才能

上帝要人作智能的訓練。祂定意使祂的僕人比一般屬世的人更具才智和鑑別力，作有效率及有見識之人。

主渴望我們要盡可能地受教育，而以傳授我們的知識給別人為目的。我們的心智受到良好訓練，便能於必要時刻在世人面前陳述聖經的真理，藉以榮耀主名。

凡需要受教育的青年，應當立下決心去接受教育，不要等待機會，而要製造機會。要把握當前的每一良機。須實行節約。不要為滿足食慾或追求享受而浪費金錢。當遵照上帝的呼召，決心成為有用與有效率的人。要在你所擔任的工作上忠心，盡可能地爭取每一足以增強智力的機會。並且要不斷學習、警醒、禱告，以得到從上面來的智慧。

真正的教育不僅限於學校能提供的課程。科學的研究固然不可忽視，但是還有一種更高的訓練，是藉著與上帝活潑的聯絡而得來的。當使每一個學生手持聖經，並與那位大教師交往。要培養並訓練心智，使之在探尋神聖的真理時，能以解決難題。

言語

言辭的能力是應當努力去培養的才幹。在上帝的恩賜中，沒有一樣比言語更大的福惠了。我們用言語勸勉並説服人，我們用言語向上帝奉獻禱告和頌讚，並用言語將救贖主的愛轉告他人。由此可見，語言受訓練以便在善事上發揮最大的效能該是何等的重要啊！

藉著努力，人人都可獲得清楚誦讀的能力，並可用宏亮、清

晰圓潤的聲音、明確有力的態度說話。如此，我們為主做工時，就可大大增加我們的效能。

須將道理用一種啟發悟性並感動人心的方式講述出來。一方面要緩慢、清楚並莊重地講述出來，並依內容所需，表現出相稱的熱忱。

在我們糾正別人的時候，必須謹慎自己的言語。不可使用尖刻嚴厲的話，而要用醫治傷痛心靈的言語。

一切的惡言、輕浮的話語、急躁的怨言或是不純正的暗示，都不可從跟隨基督之人的口中說出來。使徒保羅受聖靈感動，寫道：「污穢的言語，一句不可出口。」註2污穢的言語不僅是指那下流卑鄙的話，也指那與神聖原則相悖的言詞。

訓練兒童在言語上養成良好的習慣，乃是父母的職責，家庭生活就是實施這種訓練的最好學校。兒女從最小的時候，就當受教對父母、家人彼此說尊敬和仁愛的話。

我們應當向不認識主的人講說基督，我們要照著基督所做的去做，祂無論是在會堂中、在路旁、在船上、在法利賽人的筵席或稅吏的餐桌上，都向人講述有關更高境界的事。自然界和日常生活的事物都被聯結到真理的話語上。

我們也當如此行。無論我們置身何處，都當留意那可向別人講說救主的機會。如果我們在行善的事上效法基督的榜樣，人的心就要向我們敞開，如同從前向祂敞開一樣。我們不要貿然發言，乃要用從上帝的愛而來的機智，向他們講述那位「超乎萬人之上」「全然可愛」的主註3。這是我們運用語言才能所能夠成就的最偉大的工作。

感化力

把一塊小石子拋進湖心，就可激起漣漪，這漣漪接二連三地擴散開來，圓圈越來越大，一直達到四周的岸邊。我們的感化力也是如此。

人格就是力量。一個真誠無私而敬虔的人生所作的無聲見證，帶有一種不可抗拒的感化力。我們若在自己的生活上表現基督的品格，那就是在救人的工作上與祂合作了。

千萬不要忘記，感化力在邪惡的事上也同樣具有很大的力量。人喪失了自己的靈命，已經是一件可怕的事了，如果使別人喪失靈命，則是一件更可怕的事。

故此，自命為基督徒之人所表現的輕佻行為、自私放縱和疏忽冷淡，都會促使許多人轉離生命之道。將來在上帝審判台前，有很多人要看到自己造成的結果。

只有藉著上帝的恩典，我們才能正確地運用這種天賦。我們自己原沒有什麼足以感化別人為善的，倘若我們感覺到自己的無能，需要上帝的能力幫助，我們就不至於倚賴自己了。

光陰

我們的光陰是屬於上帝的。每一時每一刻都是祂的，我們都負有重大的責任，要善用它去榮耀上帝。對於祂所賜的才能，祂要求我們要有所交待，但是沒有一樣比祂對光陰的要求更嚴格了。

光陰的價值是難以計量的。基督認為每一瞬間都非常寶貴，我們也應當有如此的看法。人生太短促了，千萬不可蹉跎。我們

僅有短短的時日可為永恆作準備。我們沒有時間可浪費，沒有時間可用在自私的享樂上，也沒有時間放縱情慾。

我們追求知識與心智陶冶，其成敗關鍵乃在於我們對光陰的運用。智力的訓練並不受阻於窮困、出身低微或不利的環境，乃在珍惜每一分光陰。這裡幾分鐘，那裡幾分鐘，可能消耗在無謂的閒談上。早晨的光陰往往被浪費在床上，旅行時在候車或等人的時間，若有一卷在手，將這些零碎時間用來研究、閱讀或思考，將有何等的成就啊！

養成整飭有序、貫徹始終並敏捷迅速的習慣，乃是每個基督徒的本分。他必須用心地計畫如何利用光陰來獲致最良好的成就。藉著機敏有序的方法，有人能在五小時內完成別人需用十小時才可完成的工作。

基督的生活，從祂最年幼的時候起，就是一種勤懇操勞的生活。祂沒有為自己的享受而生活。祂雖是無窮上帝的兒子，但祂跟祂屬世父親約瑟從事木匠的工作。祂乃是我們的模範。

父母應當教育兒女，使他們明白時間的寶貴和正確使用時間的方法。當教導他們尊榮上帝並從事嘉惠人群的工作。即使在年幼的時候，他們也能成為上帝的傳道士。

父母的過錯，莫大於任憑兒女們空閒無事。兒女們不久就學會貪懶，長大之後要變成無業遊民了。

缺少固定的職業和堅定的目標，便為千萬的試探敞開了門戶。損友與惡習污損了人的心志與靈性，其結果乃是今生的敗壞與來生的淪亡。

無論從事什麼工作，上帝教訓我們「殷勤不可懶惰；要心裡

火熱，常常服事主。」註4「凡你手所當做的事，要盡力去做。」
註5「因你們知道從主那裡，必得著基業為賞賜。你們所事奉的乃
是主基督。」註6

健康

很少人體會到健康的價值，殊不知我們心智與身體的效率大都
有賴於健康。身體乃是感情與情緒的根據地，因此我們務須使身體
處在最優良的健康情況之下，才能使我們的才幹發揮到極處。

任何減少人體力的事物，也足以消弱人的智力，並使人在分
辨善惡的能力上衰退。我們擇善的能力因而減低，而且也無力奉
行所認為合宜的事了。

錯用體力會縮短我們用生活來榮耀上帝的限期，且不能勝任
上帝所交給我們去完成的工作。倘若我們因有害的習慣而剝奪了
世人應得的福惠，主就要算我們為有罪了。

人人都應對於身體的組織有明智的認識，以便保持身體的健
康來服事主。

使徒保羅說：「豈不知你們的身子就是聖靈的殿嗎？這聖靈
是從上帝而來，住在你們裡頭的。並且你們不是自己的人，因為
你們是重價買來的。所以要在你們的身子上榮耀上帝。」註7

體力

我們愛上帝，不僅要盡心、盡性、盡意，也要盡力。這包括
充分與明智地運用體力。

基督不論在屬世或屬靈的事上，都是一位真實的工作者，而

且在所有的工作上，祂都表現了遵行天父旨意的決心。

主曾使但以理和約瑟辦事精明。祂能使用他們，因他們在生活上不求自己的喜悅，乃求蒙上帝的喜悅。

但以理的經驗給我們一個教訓。我們知道當他所辦理的一切事務受到嚴密的檢驗時，竟找不出一點錯誤過失來。他是每個實業家的榜樣。他的經歷表明：一個將頭腦、身體、意志與生命力完全奉獻為上帝服務的人所可能有的成就。

金錢

上帝將錢財交託於人，也賜人能力以獲得財富。祂用天上的露水和陣陣的甘霖來滋潤地土。他賜下陽光溫暖地面，喚醒萬物的生機，使之生長茂盛而結實纍纍。然而祂也要索回祂自己應得的一份。

金錢具有重要的價值，因為它能成就極大的善事。它在上帝兒女們的手中，就是飢餓者的糧食、口渴者的飲料和赤身者的衣服。它是受壓迫者的保障，也是患病者的救藥。但是唯有用在供給生活的需要、造福他人並推進基督聖工上的錢財才有價值，否則它就與糞土無異。

凡認識到錢財乃是上帝賞賜的人，就必節儉使用，並且覺得有責任要節省金錢以供施捨之用。

我們用在炫耀和自我放縱的金錢越多，則在幫助飢寒交迫之人所能用的錢就越少。每一分不必要的花費，就是剝奪了一次行善的寶貴機會。這也是在上帝所交託的才能上，奪取了應該歸給上帝的榮耀。

仁慈的心懷與善意

仁愛的溫情、慷慨的心懷和對屬靈事物的敏悟都是寶貴的恩賜,凡具有這些恩賜的人都負有重大的責任。這一切都應當用來為上帝服務。凡具有高度熱情的人都對上帝負有責任,不僅要將這種熱情用在朋友身上,也要用在一切需要幫助的人身上。

才能因應用而增加

主希望我們運用自己所有的每一恩賜。我們若這樣行,就必獲得更大的恩賜。

我們為基督所作的每一項努力,都必使自己蒙福。我們若用錢財來榮耀祂,祂必加給我們更多。

我們仰望耶穌,就能更清楚的認識上帝,並因不斷地仰望祂,我們自己也改變了。仁慈與愛就必成為我們的天性。如此培養的品格,就是神聖品德的副本。我們得以長成像祂的樣式,擴大我們認識上帝的能力。我們愈與天庭相契合,就愈能領受永恆智慧與知識的財富。

那一千銀子

那領一千的「去掘開地,把主人的銀子埋藏了。」

那保留自己才幹而不加以運用的,乃是領受最少恩賜的人。這對一切感覺自己才能微小而託辭不為基督服務的人發出了一個警告。他們以為如果能做一些大事,他們必欣然以赴;但現今只要他們在微不足道的事上服務,他們就提不起興趣。他們這種想法錯了。

「人在最小的事上忠心，在大事上也忠心。」註8小事的重要性往往因為它們微小而被低估了，實際上這些小事對人生的鍛鍊卻大有助益。總而言之，在基督徒的生活中，沒有什麼事是不重要的。

唯有藉著在小事上忠心，人才能得到訓練，俾在重大的責任之下，克盡厥職。

基督以祂在世的生活教訓人：對於小事應予以仔細的注意。救贖的大工不斷地壓在祂的心上。當祂教訓並醫治人的時候，祂的身心的負荷已到了頂點，然而祂還是注意到人生和自然界中最簡單的事物。即使在行大神蹟之後，祂也沒有忽視最卑微者的生活需要。

我們必須效法祂注意小事的榜樣。這乃是基督徒在工作與感化上成功的秘訣。

健忘乃是罪，疏忽也是罪。如果你養成了疏忽的習慣，可能也會疏忽自己靈命得救的問題，到後來便發覺你並沒有為上帝的國做好準備。

偉大的真理必須運用在小事上。信仰必須在日常生活的低微本分上實踐出來。

基督吩咐我們無論在什麼地方都要負起當前的責任。如在家庭中，就當樂意並認真地使家庭成為一個快樂的地方。若妳是作母親的，就要為基督訓練你的兒女。如果你的職責是在廚房中，就要竭力作一個完善的廚師，預備合乎衛生、富有營養並合人口味的食物。如果你的工作是耕耘土地或是從事其他任何手藝，也應當盡心盡力。

不論你的才能如何微不足道，上帝總有用它的地方。那有「一千銀子」的人若加以善用，就必完成主指派給他的工作。

交賬

「過了許久，那些僕人的主人來了，和他們算帳。」當主人清算他僕人的帳目時，每分銀子都要受到詳細的查問。所成就的工作表明了每個工人的品格。

那領五千與二千銀子的人，將所託付的銀子連本帶利交還主人。他們並沒有歸功於自己，他們的銀子仍是主人曾經交託給他們的。他們固然賺了一些銀子，但若沒有事先領到託款，就必一無所得。因此，他們看出自己無非是盡職而已。本錢是主的，進益也是祂的。

但是當主人收回銀子的時候，他卻稱揚並賞賜那些工人，好像功勞全是他們自己的。

他說：「好，你這又良善又忠心的僕人，你在不多的事上有忠心，我要把許多事派你管理。可以進來享受你主人的快樂。」

那能博得上帝嘉許的，乃是對上帝的信實、忠誠和出於愛心的服務。

「那領一千的也來，說：『主啊，我知道你是忍心的人，沒有種的地方要收割，沒有散的地方要聚斂。我就害怕，去把你的一千銀子埋藏在地裡。請看，你的原銀子在這裡。』」

許多人在心中將上帝認定為一個苛刻的主人，因為祂要求他們的財產與服務。但是我們所能獻給上帝的沒有一樣不是屬於祂的。大衛王說：「萬物都從你而來，我們把從你而得的獻給

你。」

雖然如此，主人並沒有否定這惡僕人的誣告，卻只說明他的行為是不可原諒的。利用銀子為主人得利的方法僕人早已知曉。主人說：「你……就當把我的銀子放給兌換銀錢的人，到我來的時候，可以連本帶利收回。」

「因為多給誰，就向誰多取。」[註9]我們所做的若是比我們所能做的為少，就必須自行負責。然而我們若將自己完全交託給上帝，遵祂的指示而行，上帝就要親自負責完成工作。

銀子被奪去

在懶惰僕人身上的判詞乃是：「奪過他這一千來，給那有一萬的。」這裡正如那忠僕得著賞賜一般，不僅表明他在最後審判時要得賞賜，他也要依因果律而在今生有所收獲。使用恩賜為他人謀福，自己的恩賜就必增加。若保留為自己而用，恩賜就必減少，最後必被收回。

許多自稱是基督徒的人，忽視上帝的要求，還不覺得自己有何過失。他們知道那些僭妄的、殺人的、奸淫的、該受刑罰。至於他們自己，他們喜愛參加宗教聚會，歡喜聽福音，因此他們以為自己一定是蒙福的基督徒。他們用了一生的光陰專為自己而活，但到頭來必要像比喻中不忠心的僕人一樣，驚奇地聽到這樣的判決：「奪過他這一千來。」

【註1】太25：14－15　　【註2】弗4：29　　【註3】歌5：10、16
【註4】羅12：11　　　　【註5】傳9：10　　【註6】西3：24
【註7】林前6：19－20　　【註8】路16：10　　【註9】路12：48

26 不義的管家

根據：路16：1－9

　　基督降生在一個極端世俗化的時代。世人都輕看永恆的事物，而將未來的一切皆置諸今生的事務之下。撒但將今生的事物擺在他們面前，吸引他們全部的注意，佔據他們全副的精神，使他們陷入其引誘之中。

　　基督降世，乃是要改變這種情況，祂亟欲破除那令人心醉神迷的魔力。在祂的教訓中，力圖使人的思想從現今轉移到將來。祂呼召他們放棄追求短暫的事物，而為永恆做準備。

　　祂說：「有一個財主的管家，別人向他主人告他浪費主人的財物。」這個財主將他的全部財產交託在這個僕人手中，可是這僕人不忠心，主人發覺僕人有盜竊的行為。他便決定辭掉這僕人，於是就把他叫來清算帳目。他說：「我聽見你這事怎麼樣呢？把你所經管的交代明白，因你不能再作我的管家。」

　　管家知道將要被解僱，便看出前面只有三條路可走。他必須勞力工作、討飯或挨餓。於是他心裡說：「主人辭我，不用我再作管家，我將來做什麼？鋤地呢？無力；討飯呢？怕羞。我知道怎麼行，好叫人在我不作管家之後，接我到他們家裡去。於是把欠他主人債的，一個一個的叫了來，問頭一個說：『你欠我主

人多少？』他説：『一百簍油。』管家説：『拿你的帳快坐下寫五十。』又問一個説：『你欠多少？』他説：『一百石麥子。』管家説：『拿你的帳寫八十。』」

這不忠心的僕人叫別人和他共同舞弊。他欺騙主人來便宜他們。他們既得了這種好處，也就樂意將他當作朋友，接他到他們家裡去了。

「主人就誇獎這不義的管家作事聰明。」

基督並沒有稱揚那不義的管家，但祂卻用一項人盡皆知的事件，來說明祂的教訓。祂説：「要藉著那不義的錢財結交朋友，到了錢財無用的時候，他們可以接你們到永存的帳幕裡去。」註1

比喻中的僕人沒有為將來作準備。那交給他的財物，他自己用掉了，那時他只想到眼前。及至管家的職務被褫奪後，他就兩手空空了。但是目前主人的財物仍然在他手裡，所以他決定用來自保，好應付將來的窮乏。為了要達成這個目的，他必須採取新的措施。他不能再只為自己斂財，反而需要分與別人了。這樣他才可以結交朋友。到了他被趕出去的時候，他們就可以接待他。

基督講完比喻之後便説：「今世之子，在世事之上，較比光明之子更加聰明。」這就是説，有屬世智慧的人，在利己的事上，遠比自命為上帝兒女的人在事奉祂的事上還更加聰明、更加用心。在基督的時代是這樣，現今也是這樣。且看許多自稱是基督徒之人的生活，主賜給他們各種才幹、能力和感化力，祂也將財富交託他們，使他們可以在救贖的工作上與祂同工。我們應當給飢餓的人吃飽，給赤身露體的人衣服穿，照顧孤兒寡婦，並為遭受困難和壓迫的人服務。上帝從來無意要世界存在痛苦，也不

願叫任何人擁有奢華享受的生活卻忍心看著他人的子女飢寒哀號。那超過人實際生活所需要的財物，乃是交託給人去行善、造福人群的。這都是主的吩咐。試問自認為基督徒的人，是否大部分在從事這種工作呢？

唉，不知有多少人竟將上帝的恩賜據為己有！有多少人在那裡「以房接房，以地連地。」有多少人在那裡浪費錢財、專心尋歡取樂、放縱食慾或添置華麗的房屋和服裝；而他們的同胞卻被遺棄在痛苦、罪惡、疾病和死亡之中。千萬人正趨於沉淪，卻無人給予關注或說一句同情的話或行一件憐憫的事。

每一個人都必須為那託付給他的恩賜作交代。在最後的審判大日，人所囤積的財富對他們毫無價值。那時沒有一樣東西可以說是屬他們自己的了。

凡一生積攢屬世財物的人，對自己永久福祉所表現的智慧、思慮和用心，還不如這不義的管家為自己屬世的供養所表現的。

基督說：「要藉著那不義的錢財結交朋友，到了錢財無用的時候，他們可以接你們到永存的帳幕裡去。」

凡用來造福他人的錢財必定是有所報償的。財富運用得當，就必成就偉大的善事。

基督要每一個人都考慮，要仔細計算。將耶穌放在天平的一端，而將世界放在天平的另一端。好好為今生和來生衡量一下。再想一想基督的話：「人就是賺得全世界，賠上自己的生命，有什麼益處呢？」註2

「你要囑咐那些今世富足的人，……要囑咐他們行善，在好事上富足，甘心施捨，樂意供給人，為自己積成美好的根基，預

備將來，叫他們持定那真正的生命。」

但願你將財產先送到天國去。當將你的財寶存放在上帝的寶座旁邊，務要確定你有權利享受基督那測不透的豐盛。「要藉著那不義的錢財結交朋友，到了錢財無用的時候，他們可以接你到永存的帳幕裡去。」

【註1】路16：9　　　【註2】可8：36

27 「誰是我的鄰舍？」

根據：路10：25－37

在猶太人中，「誰是我的鄰舍？」這個問題曾引起了無窮的爭論。異邦人和撒馬利亞人不能算為鄰舍，這對他們是毋庸置疑的。因為都是外人、是仇敵。但在本國民眾和社會各階層之間，究竟應當如何劃分界線呢？祭司、拉比、和長老們究竟應當將誰當作鄰舍呢？他們終身奉行繁文縟節，為要使自己潔淨。他們教訓人說：若與粗俗無知的群眾接觸，就必沾染污穢，以至必須經過一番令人厭煩的努力方能清除。他們是否要將「不潔淨」的人當作鄰舍呢？

基督在良善的撒馬利亞人的比喻中就答覆了這個問題。祂說明我們的鄰舍不僅限於與我們同一教會或同一信仰的人，鄰舍是無種族、膚色、或階級之別的。每一個需要我們幫助的人都是我們的鄰舍。

良善的撒馬利亞人的比喻，乃是在一個律法師向基督發問時所引出來的。

「有一個律法師起來試探耶穌，說：『夫子，我該作什麼才可以承受永生？』」這個問題原是法利賽人暗示那律法師提出來的，他們希望藉此抓住基督的話柄，因此他們都急切地要聽祂的

答覆。但救主並不與他爭論。他卻叫那個發問的人自己回答。祂問道：「律法上寫的是什麼？你念的是怎樣呢？」

律法師就說：「你要盡心、盡性、盡力、盡意，愛主你的上帝，又要愛鄰舍如同自己。」[註1]

基督說：「你回答的是。你這樣行，就必得永生。」

基督知道沒有人能靠自己的力量遵守律法。祂渴望引導這律法師去作更透徹、更精密的研究，使他可以尋見真理。我們唯有藉著接受基督的美德與恩典，才可以遵守律法。相信贖罪之功可使墮落的人盡心愛上帝，並愛鄰舍如同自己。

律法師明知自己沒有遵守誡命，但他一方面希望閃避罪惡感，同時又可在眾人眼前自顯有理，就提出了另一個問題：「誰是我的鄰舍呢？」

基督不肯任人挑撥祂、與祂爭辯。於是講述一件事故來答覆這個問題，祂說：「有一個人從耶路撒冷下耶利哥去，落在強盜手中。他們剝去他的衣裳，把他打個半死，就丟下他走了。」

從耶路撒冷往耶利哥去的行人，必須經過猶大地的一片荒野。在那荒僻多石的山谷中，有強盜出沒其間，時常發生搶劫的事。這個人就在這裡被劫，一切值錢的東西都被洗劫一空，還被打個半死丟在路旁。他躺在那裡，有一個祭司從那條路經過，他看見受傷的人，輾轉於血泊之中，可是他並沒有伸出援手幫助他，「就從那邊過去了。」另有一個利未人也經過附近，他好奇地要知道出了什麼事，就停下來看一看那受難的人。他以為這事與己無關，於是他也「照樣從那邊過去了。」

還有一個撒馬利亞人也經過那裡，他看見那受難的人，就

做了前面兩人所不願做的事。他仁慈地照應那受傷的人,他「看見他就動了慈心,上前用油和酒倒在他的傷處,包裹好了,扶他騎上自己的牲口,帶到店裡去照應他。第二天拿出二錢銀子來,交給店主,說:『你且照應他;此外所費用的,我回來必還你。』」祭司和利未人都自命虔誠,但是那撒馬利亞人才是真正重生的人。

基督在這個教訓中,已直接而有力地將律法的大原則講明了,並向聽眾指出他們未曾遵守的原則。那律法師也不能在這教訓中找出什麼可挑剔的地方,他對基督的成見消除了,但是他還沒有充分地克制自己狹窄的種族觀念,所以不肯歸功與撒馬利亞人。及至基督問道:「你想,這三個人哪一個是落在強盜手中的鄰舍呢?」他只回答說:「是憐憫他的。」

耶穌說:「你去照樣行吧。」去向那些有需要的人表現同樣的慈愛。這樣,你才能證明自己乃是遵守全部律法的。

猶太人與撒馬利亞人之間,主要的區別乃是宗教信仰上的不同,問題在於何謂真正的崇拜。法利賽人不肯說撒馬利亞人一句好話,反倒以最惡毒的咒詛加在他們身上。

那撒馬利亞人遵守了「愛鄰舍如同自己」的命令,證明他比那毀謗他的猶太人更算為義了。他甘冒生命的危險,將受傷的人當作弟兄。這位撒馬利亞人代表基督。祂看見了我們極大的需要,便為我們負起了責任,並將人類的利益當作自己的利益。祂捨命來救祂的仇敵,為殺害祂的人祈禱。祂指著自己的榜樣對跟從祂的人說:「我這樣吩咐你們,是要叫你們彼此相愛。」「我怎樣愛你們,你們也要怎樣相愛。」[註2]

仁愛乃是敬虔的基礎。人不論他的信仰表白如何，若不對自己的弟兄表現無私的愛，他對上帝就沒有純正的愛可言。我們所需要的乃是有基督的愛在心裡。

　　有基督住在心中的人不可能缺少愛。如果我們因上帝先愛我們而愛祂，我們也必愛一切基督所替死的人。

　　在基督裡「並不分猶太人、希利尼人、自主的、為奴的。」眾人都「靠著他的血，已經得親近了。」註3

　　不論宗教的信仰有何差異，那遭受患難之人所提出求救的呼聲，總必須予以回應。出於愛心的服務必能破除成見，引領人歸向上帝。

　　在我們周圍都是可憐和遭受試煉的人，他們需要同情的話語和服務。有些寡婦需要同情與濟助，也有兒童要人收容。這些人往往被忽略了。他們或許衣衫襤褸、形容醜陋，似乎毫無可愛之處；然而他們還是上帝的產業，他們是用重價買來的，所以在上帝看來，他們和我們同樣寶貴。

　　有許多人會隱藏自己心靈方面的飢渴。一句和藹的話語或一點善意的表示，便對這些人產生極大的幫助。還有一等人自身有極大的需要，但他們並沒有覺察，他們尚未體會到心靈上可怕的枯竭。

　　有許多人犯了錯誤，也感覺到自己的羞愧和愚蠢，他們一想到自己的錯誤和罪行，幾乎瀕臨絕望的地步。我們不可忽略這一等人，務要向他伸出援助的手，對他說鼓勵的話，堅固他們的信心並激發他們的愛心。

　　你的弟兄心靈苦悶，需要你的幫助，正如你自己也需要弟兄

的愛一樣。他需要一個能同情他、幫助他的人。我們不可看見遭受患難的人,卻不竭力用上帝的安慰去安慰他。

他需要握住一隻溫暖的手,依靠一顆充滿慈憐的心。要使他的思想寄託於那位常以慈憐垂顧他的上帝。

在那種幸福的友誼中,我們便永遠快樂地明瞭「誰是我的鄰舍」這個問題的答案了。

【註1】路10:27　　【註2】約15:17;13:34　　【註3】參看加3:28;弗2:13

28 恩典的報償

根據：太19：16－30；20：1－16；可10：17－31；路18：18－30

上帝白白賜給人恩典的真理幾乎已全被猶太人埋沒了。拉比們教訓人説：上帝的恩寵是必須賺得來的。所以他們希望靠自己的行為得到報賞。甚至連基督徒也有這種想法。

當耶穌行路時，一位青年的官長跑了來，跪在他面前，恭敬地向他行禮，説：「良善的夫子，我當作什麼事，才可以承受永生？」

祂回答説：「你若要進入永生，就當遵守誡命。」

這位青年的回答是：「什麼誡命？」基督所説的乃是在西乃山頒布的律法。於是祂從十誡的第二塊法版上提出了幾條誡命，然後作總結説：「當愛人如己。」

那青年毫不遲疑地回答説：「這一切我都遵守了，還缺少什麼呢？」

基督説：「你若願意作完全人，可去變賣你所有的，分給窮人，就必有財寶在天上，你還要來跟從我。」那少年人聽見這話，就憂憂愁愁的走了，因為他的產業很多。註1

當這青年的官長來到耶穌身旁時，他的誠懇贏得了救主的心。「耶穌看著他，就愛他。」祂看出他是一位可以傳講公義的

人。從前祂怎樣接納貧窮的漁夫作門徒，如今也一樣願意接納這位能幹而高貴的青年。如果這位青年肯將他的才幹貢獻在救人的工作上，很可能成為基督得力的工人。

可是他必須先接受作門徒的條件。他必須將自己毫無保留地奉獻給上帝。約翰、彼得、馬太和他的同伴當初一聽了救主的呼召，「就撇下所有的，起來，跟從了耶穌。」這位青年的官長也需要作同樣的獻身。

這青年人仰慕並欽佩基督。他的心也被吸引就近救主。可是他還沒有準備接受救主捨己的原則。他喜愛錢財過於敬愛耶穌。他想得永生，卻不願將無私的愛領受到心中，所以就憂憂愁愁地離開基督走了。

那青年人離去之後，耶穌對門徒說：「有錢財的人進上帝的國，是何等的難哪！」門徒都希奇祂的話。他們向來被教導認為富人是上天所特別寵愛的，他們自己也希望在彌賽亞的國裡獲得屬世的權勢和財富。如果財主還不能進入天國，那麼其他的人還有什麼希望呢？

「耶穌又對他們說：『小子，倚靠錢財的人進上帝的國是何等的難哪！駱駝穿過針的眼，比財主進上帝的國，還容易呢。」註2這時他們感覺到自己也包括在這嚴肅的警告之內了。在救主這幾句話的光照之下，他們自己爭權奪利的私意也被揭露出來了。他們感到疑懼不安，便嘆息道：「這樣誰能得救呢？」

彼得想起他和他的弟兄們為基督所作的犧牲，就自覺滿意了。「看哪，我們已經撇下所有的跟從你，將來我們要得什麼呢？」這是一種僱工的精神。門徒雖然曾經受到耶穌慈愛的吸

引，可是還沒有完全擺脫法利賽人的影響。

基督為了不讓門徒忽略福音的原則，就向他們講了一個比喻。藉以說明上帝對待祂僕人的態度，同時也指出他們工作時所應有的精神。

祂說：「天國好像家主，清早去雇人進他的葡萄園做工。」按當時的習俗，凡謀職的人要在市場上等人來僱用他們，想僱用勞工的人也往那裡去尋找。比喻中的家主在不同的時候出去僱人。那些最早僱用的人已講定了工價，而那些後來僱用的人只能卻任憑家主決定應給的工資。

「到了晚上，園主對管事的說：『叫工人都來，給他們工錢，從後來的起，到先來的為止。』約在酉初雇的人來了，各人得了一錢銀子。及至那先雇的來了，他們以為必要多得，誰知也是各得一錢。」

家主對待他葡萄園中工人的方法，也代表上帝對待人類的方法，這與人間一般習尚是不同的。

比喻中的第一批工人講好了一定的工資，而且他們所得的不多不少，就是那些工資。後來僱用的人相信主人的應許：「所當給的，我必給你們。」他們對於工資並沒有提出問題，表示他們信任主人，相信他的公平和公義。他們所得的報酬不是根據他們的工作，而是根據主人的慷慨。

照樣，上帝也希望我們信任那使罪人稱義的主。祂的賞賜不是根據我們的功德，乃是根據祂的旨意。「他便救了我們，並不是因我們自己所行的義，乃是照他的憐憫。」註3

上帝對於人工作的評估，不是根據工作的分量或表面上的成

績，而是根據作工的精神。

上帝希望我們絕對地信任祂，不問將來的報賞多少。當基督住在心中時，得賞賜的思想就不重要了，因為這並不是我們服務的動機。

及至葡萄園的工人「各人得了一錢銀子」時，那些一早就開始工作的人就大表不滿。他們豈不是作了十二小時的工麼？他們推想：照理自己的工資應比那些在比較涼爽的時候才來、僅作了一小時工作的人領得更多。因此他們說：「我們整天勞苦受熱，那後來的只做了一小時，你竟叫他們和我們一樣嗎？」

家主回答說：「朋友，我不虧負你。你與我講定的不是一錢銀子嗎？拿你的走吧！我給那後來的和給你一樣，這是我願意的。我的東西難道不可隨我的意思用嗎？因為我作好人，你就紅了眼嗎？」

上帝的報賞並不是根據功勞，而是完全出於恩典，免得有人自誇。

「如此說來，我們的祖宗亞伯拉罕憑著肉體得了什麼呢？倘若亞伯拉罕是因行為稱義，就有可誇的。只是在上帝面前並無可誇。經上說什麼呢？說：『亞伯拉罕信上帝，這就算為他的義。』做工的得工價，不算恩典，乃是該得的。惟有不做工的，只信稱罪人為義的上帝，他的信就算為義。」[註4]由此可見，人並沒有什麼比別人可誇或彼此嫉恨的必要。沒有一個人享有更高的特權，也沒有人能說自己所得的報賞是應得的。

這比喻乃是給予一切從事工作之人的忠告，不論他們服務的時期多長，不問他們的工作成績多豐碩，如果他們不以愛心對待

弟兄、不在上帝面前存謙卑的心，他們就算不得什麼。

　　我們的工作之所以得上帝的悅納，並不是由於工作時期的長度，乃是由於我們所表現的甘心樂意與忠貞的精神。

　　這是一切真正為上帝服務的人所應有的精神。一旦缺少了這種精神，許多看似在前的，將要在後；那些具有這種精神的人，雖然被看為是在後的，反倒要在前了。

【註1】太19：21　　　【註2】可10：24－25　【註3】多3：5
【註4】羅4：1－5

29 「迎接新郎」

根據：太25：1-13

　　基督和門徒一同坐在橄欖山上。這時太陽已經落下，天空也為暮色所籠罩了。遠方有一所住宅，燈燭輝煌，明顯有宴樂的景象。燈光從窗戶裡射了出來，附近有一群人期待著，因為歡迎新郎的行列即將出現。

　　這時有十個身穿白衣的姑娘在女方家的附近等候著，每人拿著一盞點著的燈，和一個小小的油瓶。她們都在急切地等候新郎來臨，可是新郎卻遲延了。時間一刻一刻地過去，這些等候的人便疲倦地睡著了。到了半夜聽到有人喊著說：「新郎來了，你們出來迎接他！」睡覺的人忽然驚醒，就跳了起來。她們看見迎親的行列帶著光耀的火把，在歡悅的樂聲中前進。她們也聽見新郎和新婦的聲音。那十個姑娘便拿起她們的燈，把燈小心剔淨，準備出發。可是其中有五個卻忽略將瓶裝滿油。她們並沒有料到新郎會遲延這麼久，所以就沒有為這次的意外做準備。在窘迫中就向同伴懇求說：「請分點油給我們，因為我們的燈要滅了。」可是那五個同伴，剛剛將燈小心剔淨，她們的油瓶也已空了，沒有油可以分與別人，所以回答說：「恐怕不夠你我用的，不如你們自己到賣油的那裡去買吧！」

她們去買的時候，迎親的行列就前進，把她們撇在後面了。那點著燈的五個姑娘參加了群眾的行列，並和新婦的隨從一同進入屋內，門就關了。及至愚拙的姑娘來到宴會的大廳，她們就遭到意外的拒絕。筵席的主人說：「我不認識你們。」她們就被撇在門外午夜的黑暗裡，站在那清冷的街道上了。

當基督坐著觀看那些等候新郎的群眾時，祂就向門徒說了這十個童女的比喻，以她們的經驗來說明，在祂第二次降臨之前的教會所必有的經驗。

等候新郎的兩等童女代表等候主的兩等人。她們被稱為童女，乃是因為她們具有純正的信仰。燈是代表上帝的話。詩人說：「你的話是我腳前的燈，是我路上的光。」註1油是象徵聖靈，先知撒迦利亞就採用了這種表號。

在這個比喻中，那十個童女都出去迎接新郎，每個人都帶著燈和盛油的器皿。在她們之間一時看不出有什麼區別，在基督復臨之前的教會也是如此。每個人都有關於聖經的知識，都聽到基督即將來臨的信息，而且滿懷信心地期待祂的顯現。可惜插入一段等候的時期，他們的信心就受到考驗了。直到聽見有聲音喊著說：「新郎來了，你們出來迎接他！」許多人還沒有預備好。他們有燈，但器皿裡沒有油，他們缺少聖靈。

僅有聖經的知識而沒有上帝的聖靈是無濟於事的。真道的理論若無聖靈相伴而行，就不能使心靈甦醒或使人成聖。一個人可能十分熟悉聖經的命令和應許，但如果沒有上帝的靈使真理深入內心，他的品格就不會有任何變化。缺少聖靈的光照，人就不能分辨真偽。

愚拙的童女所代表的，並不是假冒為善的人。他們重視真理，他們曾經擁護過真理，他們也曾與相信真理的人親近，可是卻未順從聖靈的引領。

這就是在危險時期喊叫平安穩妥的那等人。他們安撫自己的心，以為萬全無虞，做夢也想不到會有危險臨到。及至從昏睡中驚醒，他們才駭然發覺自己的缺乏，於是央求別人來補他們的不足。可惜在屬靈的事上沒有人能彌補別人的缺陷，上帝的恩典早已白白地賜給每一個人。福音的信息已經傳出說：「口渴的人也當來；願意的都可以白白取生命的水喝。」註2可是人的品格卻是不能轉讓的。沒有人能替別人相信，也沒有人能替別人領受聖靈。沒有人能將聖靈的果實——品格分與別人。「雖有挪亞、但以理、約伯在其中，主耶和華說：我指著我的永生起誓，他們連兒帶女都不能救，只能因他們的義救自己的性命。」註3

十個童女在這世界歷史的黃昏中等候著，她們都自稱為基督徒。她們都有一個呼召、一個名稱、一盞燈，而且都自命是為上帝服務的。她們看上去都在等候基督的顯現，可是其中有五個沒有預備好。這五個人將要手足無措被摒棄在門外。

到了末日，有許多人將要求進入基督的國，說：「我們在你面前吃過喝過，你也在我們的街上教訓過人。」「主啊，主啊，我們不是奉你的名傳道，奉你的名趕鬼，奉你的名行許多異能嗎？」但所得到的回答卻是：「我告訴你們：我不曉得你們是哪裡來的。你們這一切作惡的人，離開我去吧！」註4

我們不能等到聽見「新郎來了」的呼聲才醒過來，然後拿起空空的燈，想臨時裝油，這樣是來不及迎見主的。

在這個比喻中，聰明童女的燈和器皿裡都裝著油。她們在夜間守候時，燈光一直是明亮的點著。它使得新郎的榮耀益增光彩。燈光在黑暗中閃耀著，也照亮那通向新郎之家和參赴婚筵的路。

照樣，凡跟從基督的人也當將光照亮世間的黑暗。當上帝的話藉著聖靈在接受的人生活中進行改造時，它就是光。當聖靈將聖經的原則栽種在人心中時，他就被塑造出上帝的德性來。

新郎在午夜——也就是最黑暗的時辰來到。照樣，基督復臨也要發生在世界歷史最黑暗的時期。

先知以賽亞曾說：「報好信息給耶路撒冷的啊，你要極力揚聲。揚聲不要懼怕，對猶大的城邑說：看哪，你們的上帝！主耶和華必像大能者臨到，他的膀臂必為他掌權。他的賞賜在他那裡，他的報應在他面前。」

等候新郎來臨的人要對世人說：「看哪，你們的上帝！」恩典的光芒，就是那要傳給世界的最後的信息，乃是上帝慈愛品德的啟示。

在我們的周圍，到處可以聽到世人憂傷的哀號，處處都有貧苦不幸的人。我們的責任乃是要幫助他們解除並減輕人生的艱難和痛苦。

實際的行動遠比單單演講更有效。我們要將食物分給飢餓的人，將衣服送給赤身的人，並為無家可歸的人找到棲身之處。但我們蒙召去做的，還不止於此，唯有基督的愛才能滿足心靈的需要。如果基督住在我們裡面，我們的心便要充滿神聖的同情，那熱切的愛的泉源便要開啟了。

上帝不僅呼召我們要為窮人而捐獻，也要我們有愉快的表情、說樂觀的話並與人友善地握手。

有許多人陷於絕望之境，務要讓陽光重照在他們身上。許多人已經喪失勇氣，當對他們說鼓勵的話，為他們禱告。有些人需要生命之糧，我們應將上帝的聖經讀給他們聽。許多心靈有病的人，地上的藥物不能治癒，屬世的醫師也不能醫好。我們當為這些人祈禱，將他們帶到耶穌面前，告訴他們在基列有乳香，在那裡有醫生。

每個人都有權利作活的導管，讓上帝藉著他將基督那測不透的豐富傳給世人。基督最渴望的乃是有人作祂的器皿，向世人表彰祂的靈和品德。如今世界最需要的，莫過於藉著人彰顯出救主的愛了。

公義之日頭的光線具有「醫治之能。」照樣，每位真正的門徒也必發出一種賜人生命、勇氣、助益和真正醫治之能的感化力。

基督的信仰不僅限於赦罪而已，它也除盡我們的罪，並用聖靈的恩惠來填充罪所遺留的真空。它包括上帝的光照和在上帝裡面的喜樂。它又包括一顆虛己的心，並因基督住在其內而蒙福。

基督並沒有吩咐跟隨祂的人勉強發光。祂只是說：「你們的光也當這樣照在人前。」如果你已經承受了上帝的恩典，那光就在你裡面。只要將所有的障礙物除去，主的榮耀就必彰顯了。那光必照耀出來，穿透並驅散黑暗。

他們既有公義之日頭的燦爛光輝照耀著，就要挺身昂首，並因他們得贖的日子臨近而歡呼，出去迎接新郎，說：「看哪，這

是我們的上帝；我們素來等候他，他必拯救我們。」

【註1】詩119：105　　【註2】啟22：17　　【註3】結14：20
【註4】路13：27

國家圖書館出版品預行編目資料

埋藏的財寶 / 懷愛倫(Ellen G. White)作；
時兆編輯部譯. -- 初版. -- 臺北市：時兆,
2009[民98] 面；公分
譯自：Highways To Heaven (Abridged
Version)

ISBN 978-986-82608-9-4

1.聖經‧新約

241.68   96001570

勵志叢書09

埋藏的財寶
HIGHWAYS Abridged Version
TO HEAVEN

作　　　者	懷愛倫（Ellen G. White）
特 約 編 輯	李斌祥
董　事　長	胡子輝
發　行　人	周英弼
出　版　者	時兆出版社
客 服 專 線	0800-777-798
電　　　話	886-2-27726420
傳　　　真	886-2-27401448
地　　　址	台灣台北市105松山區八德路2段410巷5弄1號2樓
網　　　址	http://www.stpa.org/
電 子 信 箱	stpa@ms22.hinet.net
文 字 編 輯	徐雲惠、陳美如
文 字 校 對	江麗華
美 術 編 輯	時兆設計中心邵信成、林俊良、李宛青、馮聖學
法 律 顧 問	統領法律事務所
電　　　話	886-2-23212161
台灣總經銷	東芝文化事業有限公司
電　　　話	886-2-82421523
地　　　址	台灣台北縣235中和市中山路2段315巷2號4樓
I　S　B　N	978-986-82608-9-4
定　　　價	新台幣NT$200元
出 版 日 期	2009年1月　初版1刷